"中心"の移り変わりから読む

一気にわかる世界史

Akita Souichiro
秋田 総一郎

日本実業出版社

はじめに

本書の特徴

　世界史を知るうえでまず大切なのは、事件の名前や年号をおぼえることではなく、おおまかな時代の流れやつながりをつかむことです。本書はそのような世界史の見方について、初心者でもわかるよう述べていきます。

　世界史の入門書といわれている本は、じつはかなりの知識がないと読みにくいものも多いです。しかしこの本は、とことん読みやすさを大切にしながら解説していきます。世界史の授業に落ちこぼれたことがある人でも、読み通すことができるでしょう。それでいて、世界史の「深い」ところがみえてくるはずです。

　本書は3部構成です。
　第1部は世界史をみるうえでの基本的な見方・考え方について。
　第2部は世界史の通史（太古から現代までを通して述べた歴史）です。これは90ページほどで、通史としてはきわめて少ない分量ですが、そのぶん一気に読めて、全体像をつかみやすいはずです。
　第3部では、それまでに述べたことをもとに、現代の世界につながるテーマに目を向けます。いわば「世界史の応用問題」です。

　第1部から順に読むのが一応はおすすめですが、第2部や第3部から読んでいただいても大丈夫です。
　5000年余りの世界史の大きな流れを、手のひらにのせるようにしてみわたす感覚、そこから視野が広がっていく感覚をお伝えできればと思います。

「中心的な大国の移り変わり」をみる

では、本書で核となる「世界史の見方」とは何か？ それは、**各時代の「中心的な大国の移り変わり」から世界史をみる**ということです。

世界史上のそれぞれの時代には、当時の世界の中心といえるような大国が栄えていました。2000年ほど前のローマ帝国や、西暦1800年代のイギリス（大英帝国）などです。1000年余り前に繁栄したイスラムの帝国もそうでした。今の時代ならアメリカ合衆国がそれにあたるでしょう。

それらの国では、過去からのさまざまな成果が受け継がれるとともに、多くの新しいものが生み出されました。

たとえば、アメリカが「世界の中心」といえるような大国になったのは1900年代前半ですが、これはイギリスなどのヨーロッパの文明をもとにして、さらに発展させた結果です。

この本では、そのような各時代の中心的な大国に焦点をあて、その移り変わりを追っていきます。ほかの国や地域についてはごく簡単に触れるだけにして、世界史の「幹」の部分をみていくのです。そのことで世界史を「ひと続きのまとまった物語」として述べていきます。

最初の文明が5000年以上前に西アジアという地域で生まれて以来、さまざまな国や民族がその文明を受け継ぎ発展させてきました。その結果、現在の世界があります。その過程は、まさにひとつの大きな物語なのです。

ジョブズの言葉

　そのような世界史の「物語」についてきちんと知ることで、私たちはより創造的になれるのではないでしょうか？
　たとえば、アップルの創業者スティーブ・ジョブズは「人びとが文明の遺産を受け継ぎ発展させてきた歴史」というイメージを強く持っていました。ジョブズはこう述べています。

> "クリエイティブな人というのは、先人が遺してくれたものが使えることに感謝を表したいと思っているはずだ。僕が使っている言葉も数学も、僕は発明していない"
> "すべて、先人の肩に乗せてもらっているからなんだ。そして、僕らの大半は、人類全体になにかをお返ししたい、人類全体の流れになにかを加えたいと思っているんだ"
> （ウォルター・アイザックソン『スティーブ・ジョブズⅡ』講談社、2011　井口耕二・訳）

「さまざまな遺産の継承のうえに、今の私たちが存在している」と、ジョブズはいうのです。
　そしてそれに感謝しよう、私たちも私たちなりにその大きな流れになにかを加えていこう、と。"そう思って、僕は歩いてきた"と彼は述べています。
　世界史を知れば、そのイメージや想いは知識の裏づけのある、より確かなものになるでしょう。

　　　　　　　　　　　＊　＊

　私たちが社会や文化や人間を考えるうえで、世界史は欠かせない

素養です。

　でも、あれこれ詰め込みすぎた教科書や本のせいでわかりにくくなっています。世界史の勉強で、あまりにたくさんの人名や事件や年号が出てくるのにうんざりした人は多いはずです。

　この本では、余計なことをそぎ落として、ほんとうに大事なことだけを書きました。**こまかい年号や、戦争や事件のややこしい名前などは、大人が学ぶ世界史ではとりあえず不要です。**

まずはとにかく、ざっくりとした全体像を。
その「全体像」から、私たちは多くを学ぶはずです。

　この小さな本が、みなさまが自分なりの世界史像を描くうえでの手がかりになれば、と思います。

Contents

"中心"の移り変わりから読む　一気にわかる世界史●目次

はじめに

第1部 世界史をみる視点

「夜の地球」でみる現代世界
- 3つの「光」のかたまり ── 12
- 先進国とそのほかの国ぐに ── 13
- 産業革命と近代社会 ── 14
- 新興国の台頭 ── 15

遠い過去の「夜の地球」はどうだったか
- 2000年前のオイルランプの明かり ── 17
- 西暦100年代の繁栄の中心 ── 18
- 4000年前の「光」の分布 ── 19
- オリーブ油の量産 ── 21
- 製鉄の技術革新 ── 22
- 6000～5000年前のメソポタミアの都市 ── 23
- 都市を生んだ技術革新 ── 24

「繁栄の移り変わり」という視点
- 光の変化の傾向 ── 26
- 繁栄の中心の移り変わりに注目する ── 28

世界史の地域区分
- 地域区分の発想 ── 29
- おおざっぱな区分 ── 30
- 地名の整理箱 ── 32

世界史を数ページで要約すると
- 西アジアの時代 ……………………………………………………… 35
- ギリシアの時代 ……………………………………………………… 35
- ローマの時代 ………………………………………………………… 36
- イスラムの時代 ……………………………………………………… 36
- イタリアとスペインの時代 ………………………………………… 37
- オランダの時代 ……………………………………………………… 37
- イギリスの時代 ……………………………………………………… 37
- アメリカの時代 ……………………………………………………… 38

「となり・となりの法則」で世界史をみる
- 繁栄の中心の移り変わりのまとめ ………………………………… 39
- 「となり・となり」の法則 ………………………………………… 41

第2部 中心の移り変わりでたどる世界史

世界史の通史①
西アジアの文明　　紀元前3500年（5500年前）〜紀元前500年（2500年前）
- メソポタミアの文明 ………………………………………………… 44
- 「西アジア」という地域 …………………………………………… 46
- 四大河文明 …………………………………………………………… 48
- なぜ西アジアで？　なぜメソポタミアで？ ……………………… 49

世界史の通史②
ギリシアとローマ　　紀元前500年（2500年前）〜西暦500年
- ギリシアの文明のはじまり ………………………………………… 53
- ギリシアの遺産 ……………………………………………………… 54
- ギリシアで生まれた「民主主義」 ………………………………… 56
- ペルシア戦争、アレクサンドロスの帝国 ………………………… 57
- ローマ帝国の誕生 …………………………………………………… 59

Contents

- ローマ帝国の文化 —— 61
- インフラの建設 —— 62
- 帝国の衰退と解体 —— 63
- 中国の秦と漢 —— 64
- インドのマウリヤ朝 —— 66
- 西暦100年代のユーラシア —— 67

世界史の通史③
イスラムの繁栄　500年〜1500年

- イスラムの台頭 —— 70
- ウマイヤ朝とアッバース朝 —— 72
- ギリシア・ローマの文明に学ぶ —— 73
- イスラムの国ぐにの遺産 —— 74
- 帝国の分裂・「イスラム」のなかでの繁栄の移動 —— 75
- 中国の繁栄 —— 76
- 騎馬遊牧民の活躍とモンゴル帝国 —— 78
- トルコ人の活躍 —— 81
- その他の地域での「文明」の広がり —— 82

世界史の通史④
ヨーロッパの台頭　1500年〜1700年

- 西と東のヨーロッパ —— 88
- スペイン・イタリアという新興勢力 —— 89
- イスラムから学ぶ —— 92
- ルネサンス、大航海時代 —— 93
- イスラムからヨーロッパへの過渡期 —— 95
- オランダの繁栄 —— 96

世界史の通史⑤
欧米による世界制覇　1700年〜1900年

- イギリスの台頭 —— 100
- イギリス革命 —— 100
- 「近代社会」という新しい社会 —— 101
- アメリカ独立革命 —— 103

- フランス革命とナポレオン ─── 104
- 産業革命 ─── 105
- 欧米が世界を制覇する ─── 107
- 「グローバル化」の出発点 ─── 109

世界史の通史⑥
1900年代以降の現代世界

- アメリカの時代 ─── 111
- 産業革命のバージョンアップ ─── 112
- 今もまだアメリカの時代 ─── 113
- 2つの世界大戦 ─── 114
- 第一次世界大戦の経緯 ─── 115
- 帝国の解体・滅亡 ─── 118
- 東ヨーロッパの国ぐにの独立 ─── 120
- 第二次世界大戦の経緯 ─── 121
- アジア・アフリカの独立 ─── 124
- 冷戦の時代 ─── 126
- 代理戦争 ─── 127
- 新興国や「欧米以外」の台頭 ─── 128
- アラブの情勢 ─── 130
- イスラム主義 ─── 133

第3部 世界史から現代を考える

なぜ「となり・となり」で中心が移動するのか

- 人は人から教わる ─── 138
- 創造のむずかしさと、紙の発明 ─── 139
- 文字の発明 ─── 141

繁栄の中心で起こる「大企業病」
- 文明・国家が衰退するとき ——— 143
- コダックのケース ——— 144
- かつての「中心」の大企業病 ——— 145

柔軟さと寛容が失われると
- 西ローマ帝国の滅亡とゲルマン人 ——— 148
- 人材の喪失による、政治・外交の衰え ——— 149
- もっと冷静に対応すべきだった ——— 150

世界史を動かす「1番手」と「2番手」の関係
- 今の世界の最強の国・2番手の国 ——— 153
- イギリス対フランス ——— 154
- ナポレオンの挑戦 ——— 155
- イギリス対ドイツ ——— 156
- ヒトラーの戦争 ——— 158
- アメリカ対ソ連 ——— 159
- 日本の挑戦と後退 ——— 161
- 中国の台頭 ——— 162

「となり」の欧米、アメリカ
- 日本に最も影響をあたえた欧米の国は？ ——— 163
- アメリカの影響 ——— 164
- ヨーロッパの影響も大きい ——— 165
- 日本とアメリカの貿易 ——— 166
- 関係の深い国とは対立することも ——— 168

鉄道をつくったお金の流れ
- イギリスでの鉄道のはじまり ——— 169
- どのような資金でつくられたのか？ ——— 170

- 1700年代イギリスの道路整備 —— 173
- 株式会社のしくみを公共のサービスに —— 174
- 道路会社→運河会社→鉄道会社 —— 175
- 近代社会というもの —— 176

「近代化＝模倣」のむずかしさ

- 近代化という課題 —— 178
- 近代化とは「模倣」である —— 180
- 中国の「大躍進」 —— 182
- インドの「自前主義」 —— 183
- アジアNIEsの台頭 —— 184
- ガンジーの主張 —— 185
- 「模倣への抵抗」は昔話ではない —— 186
- 徹底して模倣に抵抗する異端の人たち —— 187

現代世界の「となり・となり」

- 日本の周辺 —— 189
- 東ヨーロッパ —— 193
- 中東のイスラム諸国 —— 194
- 南北アメリカ大陸 —— 197
- 新興国の広がり —— 198
- 今とはちがう未来 —— 198

おわりに・本書のバックグラウンド
典拠文献・引用文献

装丁／吉村朋子
組版・図版／一企画

第1部

世界史をみる視点

まずは、世界史全体の基本的なイメージについて、みていきましょう。文明が特定の場所で生まれたあと、世界の広い範囲へ伝わっていったこと、とくに文明が繁栄した大国・強国が移り変わっていったことなどのイメージについて述べていきます。さらに、地域区分など、世界史を大まかにつかむうえでの基本的な見方についても解説します。

「夜の地球」でみる現代世界

👀 3つの「光」のかたまり

はじめに、5000年余りの世界史を、きわめておおまかにみわたしましょう。そのために**「夜の地球」**というものを見ていきます。

ここにあげた地図は、NASA（アメリカ航空宇宙局）が人工衛星から撮った夜景を合成した、2012年の「夜の地球」です。

夜の地球（2012年）

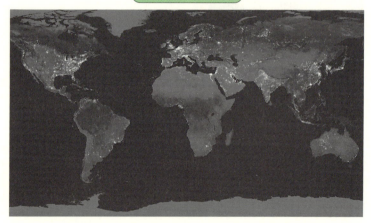

家電製品や自動車などのさまざまな文明の利器を使って生活する人びとが多く集まる場所は、明るい光になっています。

人が少ないところや、文明の利器があまり普及していないところは、明るくありません。この図が示す世界には、とくに多くの強い

光が集まっている場所が3か所あります。

　まずひとつは、アメリカ合衆国（アメリカ）のある北米大陸です。とくに東海岸は明るいです。

　もうひとつはヨーロッパの西側の地域、つまり西ヨーロッパです。ドイツ、イギリス、オランダ、フランス、イタリアなどの国ぐに。

　それから、日本とその周辺の東アジア——韓国、台湾、香港、中国の沿岸部。この光は、ほかの2つにくらべると、やや小さいです。

先進国とそのほかの国ぐに

　これらの光のかたまりがある国は、「**先進国**」といわれます。とくに産業や経済が発達した国ぐにです。

　進んだ科学や技術があり、文化的な活動も活発です。**現代の世界における「繁栄の中心」といってもいいでしょう。現代の世界には「北アメリカ」「西ヨーロッパ」「日本とその周辺」という3か所の**

繁栄の中心があるのです。

　先進国の人口は、2010年現在で約11億人。これは、ドイツ・イギリス・フランス・イタリアなどの西ヨーロッパの国ぐに、アメリカ、カナダ、日本、韓国、台湾などの人口の合計です（ここでは、世界銀行が「高所得国」に分類する国を先進国とする）。

　世界の人口は、およそ70億人。「11億人」は、世界人口の16％です。しかし、世界全体の経済活動が生み出す富（≒ＧＤＰ、国内総生産）の約7割が、これらの先進国によるものです。

産業革命と近代社会

　11億人の先進国と、60億人ほどのそのほかの国ぐに。両者の格差は、どうしてできたのでしょうか？

　それは、**これらの先進国が、ほかの多くの国よりもいちはやく「機械などでモノを大量に生産し輸送する技術」を使い、生産を飛躍的に向上させた**からです。

　その技術の背景には、科学の発展があります。同時に、人びとが経済的・文化的に活発に活動するうえで重要な「社会のしくみ」も進歩させてきました。民主主義の政治、公正な裁判、銀行や株式といった金融のしくみなどです。つまり、人びとの自由・権利・財産を守り育てるしくみです。

　ではそのような「生産力の飛躍的な向上」は、いつ、どこではじまったのでしょうか？

　それは、**今から二百数十年前の1700年代後半に、イギリスではじまりました。**一般に**「産業革命」**といわれるものです。

その最大の突破口は、1700年代後半に蒸気機関という動力源が実用化されたことでした。

蒸気機関の技術をもとに、工場で大量にモノをつくる機械や、鉄道や汽船などがつくられ、生産や輸送のあり方が大きく変わりました。この動きは、1800年代半ばまでには西ヨーロッパのほかの国ぐにや、アメリカにも広がりました。

こうした、イギリスなどのヨーロッパ諸国ではじまった「生産技術や社会のしくみの革新」のうえに成り立っている社会を**「近代社会」**といいます。現代の先進国は、発達した近代社会です。

新興国の台頭

このように、おもな欧米諸国では、近代社会に向けての変革＝近代化が、1800年代前半までにはじまりました。日本では、少し遅れて1800年代後半、つまり明治維新（1868年）の頃からです。

ほかの多くの地域では、近代化の本格的なスタートはさらに遅れて、1900年代以降、とくにその後半からになりました。つまり、アジアやアフリカの国ぐにの多くが植民地支配から脱した、第二次世界大戦後（1945年以降）のことです。

マラソンにたとえると、今の先進国は、ほかの国よりもいちはやくスタートし、ハイペースで進んでいったのです。いろんな事情から、ほかの多くの国ぐにはスタートを切れないでいました。そのあいだに、「先頭グループ」との差は広がっていきました。

しかしこの数十年のあいだに、スタートの遅れた国ぐにのなかに、先進国を上回るスピードで走りだす国がでてきました。

まず1970年頃から、韓国、台湾などの東アジアの一部で経済成長が急速となり、その後、東南アジアのいくつかの国がこれに続きました。
　さらに1990年代以降は、中国やインドの経済成長が際立ったものになり、2000年頃からは、経済発展が続く「新興国」の台頭が世界各地で目立ってきました。
　この数十年で、欧米や日本などの従来の先進国と、その他の国ぐにの差は以前よりも縮まってきているのです。

「夜の地球」(12ページ)でいえば、北米、西ヨーロッパ、日本周辺という「繁栄の中心」以外のさまざまな場所で、「光」が増えて明るくなっているということです。

遠い過去の「夜の地球」はどうだったか

2000年前のオイルランプの明かり

今度は、遠い過去の世界について考えてみましょう。

あり得ない話ですが、もしも2000年ほど前の世界を宇宙から撮影して「夜の地球」の地図をつくったら、どうなるでしょうか？

2000年前の世界にも、立派に文明といえるものがありました。とくに繁栄している国では、何万、何十万という人が住む都市がすでにできていました。

しかし、今の世界を撮影したときとカメラの感度が同じなら、2000年前の「夜の地球」は、真っ暗なだけになるでしょう。現代のような強い光を放つ都市はなかったからです。

当時の都市や集落では、油を燃やしてともす明かりが使われていました。**「オイルランプ」**というものです。陶器や金属の器に油が張ってあり、火をつける芯（灯芯）がセットされています。

二千数百年前のギリシアでこのようなものが使われた。まるいボディに油をため、急須の口のような部分に灯芯をつける

オイルランプは、おそくとも4500年前頃にメソポタミア（今のイラク周辺）で発明され、その後世界の広い範囲に普及しました。
　燃料の油の種類は、地域によってちがいますが、オリーブ油・ナタネ油などの植物油が中心です。オイルランプは、その後改良されながら、1900年代以降の電灯の時代になるまで一般的な照明器具として使われました。

西暦100年代の繁栄の中心

　2000年前の世界で、ランプの光が最も多く集まっていた場所は、今のイタリア、スペイン、ギリシア、トルコ、シリア、エジプトなどの場所です。これらの地域が取り囲む、大きな湖のような海は「地中海」です。**つまり、地中海沿岸が世界の繁栄の中心**だったのです。

　それに次ぐ地域もありました。メソポタミアとその東側（イラン）。インドのインダス川流域。そして、黄河流域などの中国。これらの地域には、当時の先端をいく大国が栄えていました。
　次ページの西暦100年頃の世界を示した地図をみてください。
　西から順に、ローマ帝国、パルティア（今のイランなど）、インド北西部のクシャナ朝、そして中国の漢（後漢）といった、世界史上の重要な国が並び立っています。
　オイルランプの光もとらえる超高感度カメラを通して上空からみたとしたら、これらの大国の地域には大小さまざまな都市や集落の明かりが集まっていたことでしょう。
　以上の国ぐには、ユーラシアという、アジアからヨーロッパにかけての範囲にあります。
　アメリカなどの「新大陸」には、まだユーラシアの大国に匹敵す

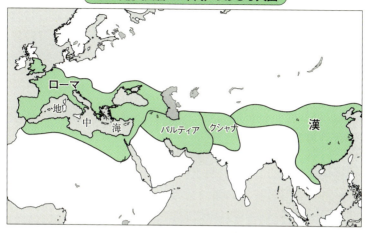

1900年前（西暦100年代）のおもな大国

るような国がありません。

また、当時の西ヨーロッパの大部分は、ローマが中心であったローマ帝国の「辺境」といえる地域で、ぽつぽつと明かりがみえる程度。日本もまだ本格的な国はできておらず、ほぼ真っ暗でした。

こうした「光」の分布は、現在の世界とは大きく異なっています。**遠い過去にさかのぼると、光の分布、つまり「繁栄の中心がどこにあるか」は、現在と大きくちがっていました。**そこには、今とは別の世界があったのです。

🔭 4000年前の「光」の分布

2000年前からさらに2000年前、つまり今から4000年さかのぼると、「夜の地球」はどうだったのでしょうか？　紀元前2000年頃の世界です。

光の分布はさらに少なくなり、かぎられた地域にしかみられません。**メソポタミアとエジプトの周辺**、それから**インド西部のインダス川流域**。あとは、**中国の黄河流域**のやや小さな光。

4000年前の世界では、都市がとくに多く存在し文明が本格的に栄えているのは、これらの地域とその周辺でした。

これらは**「四大河文明」**といわれます。ほかの地域には、光はほとんどみえません。地中海沿岸のイタリアも、ギリシアもほぼ真っ暗です。

「文明」とはなにか、というのはむずかしい問題です。とりあえず、ピラミッドやパルテノン神殿のような**大建造物、金属器、文字があって、王のような権力者がいる、そんな状態**をイメージしましょう。

何万人もの人口が密集して住む都市は、4000年前の世界にすでにありました。しかしそれが存在していたのは、当時はこの四大河文明の圏内にかぎられます。人口「百万人」「数十万人」という都市

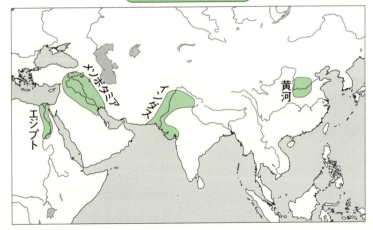

4000年前の文明の中心

は、まだ世界のどこにもありません。

🔭 オリーブ油の量産

　ところで、4000年前の世界の「夜の地球」の地図をつくるには、2000年前のとき以上に高感度なカメラが必要になります。

　そのころの都市の明かりは、人口が同じであったとしても2000年前より弱いものでした。夜の明かりが2000年前よりも普及していなかったからです。

　4000年前の世界にも、オイルランプのような照明器具はすでにありました。しかし技術が未発達で、明かりの燃料である油の生産量はかぎられていたのです。

　ランプの燃料として地中海沿岸で最も使われたのはオリーブ油です。これは、オリーブの実やそのなかにある堅い種をつぶし、油をしぼり取るという方法でつくります。

　それには一種の機械を使います。たとえばテコの原理やネジなどの仕掛けを用いて、つぶしたカタマリに圧力をかける装置などです。

　もっと簡単な道具でも油は取ることができますが、大量生産には工夫された装置が必要でした。

　しかし、そういうものは4000年前の世界にはありませんでした。オリーブ油を取る機械をとくに大きく発達させたのは、今から二千数百年前の古代ギリシア人です。

　当時のギリシアでは、「ポリス」という都市を中心とする国家が繁栄し、さまざまな文化が花ひらいていました。

　オリーブ油の生産は、古代ギリシアの重要な輸出産業であり、大きな利益をもたらしました。**二千数百年前のギリシアは「歴史上は**

じめて夜の明かりが一般的になった社会」といえるでしょう。

ギリシアにはじまった、オリーブ油の量産による「夜の明かりのある暮らし」は、地中海沿岸を中心とする広い範囲に普及しました。

製鉄の技術革新

「オリーブの実に圧力をかけて油をしぼり取る機械」のような手の込んだ装置では、部品のなかでとくに精密さや強度が要求される箇所に、金属を用います。少なくともこれにより、装置として実用性の高いものになります。木や石でつくる部品についても、こまかい加工がいるので金属の工具がないと不便です。

つまり、**オリーブ油を量産する技術のベースには、素材や道具としての金属器の普及があった**のです。具体的には鉄器の普及です。これも、4000年前にはなかったことです。

4000年前にも金属器がなかったわけではありません。当時は青銅という、銅とスズの合金がおもな金属として使われていました。銅だけだと、もろくて使い道がかぎられますが、一定の割合で銅にスズなどをまぜると、実用に足る強さをもった金属（刃物）ができます。

しかし、青銅は原料の鉱石が多くとれる場所が少ないため、生産量に限界がありました。**金属器が普及して、広く用いられるようになったのは、鉄器の時代になってからです。**

鉄の原料の鉄鉱石は、青銅の原料にくらべて広い範囲の至るところでとれます。硬さや丈夫さの点でも、一般的には鉄のほうがすぐれています。しかし、鉄の製造には青銅よりも高い温度や複雑な工

程を必要としたため、量産がむずかしかったのです。

しかし3500年前頃、今のトルコにあったヒッタイトという国で、製鉄の技術革新が大きく進みました。当初それはヒッタイト限定の技術でしたが、3200年前頃から広い範囲に普及しはじめました。

鉄器の普及によって、さまざまな仕事の生産性が上がりました。
たとえば、鉄の斧があれば木を切り倒す作業がはかどり、鉄のツルハシがあれば土木工事の効率が上がります。そして、鉄製の工具や部品・素材を使うことで、さまざまな道具や装置も進歩しました。オリーブ油の製造機は、その一例です。

6000〜5000年前のメソポタミアの都市

では、さらに、2000年さかのぼって6000年前になると、「夜の地球」は、どうなるでしょうか？

光の点はほとんどみえなくなります。かすかに、メソポタミアに小さな点がみえるくらい。ほかの地域には光はみえません。それが5500年前になると、メソポタミアの「光」が、かなりはっきりしてきます。

最も初期の本格的な「文明」が栄えたとされる大きな都市は、5500年ほど前にメソポタミアで誕生しました。

その代表のひとつに、ウルクという都市があります。5100年前頃のウルクは、250ヘクタール（1ヘクタールは100m×100m）ほどの面積で、2万〜3万人が住んでいたと考えられます。

世界で最も古い文字は、ウルクで5200年前頃に生まれました。粘土板に刻まれた「絵文字」の一種です。

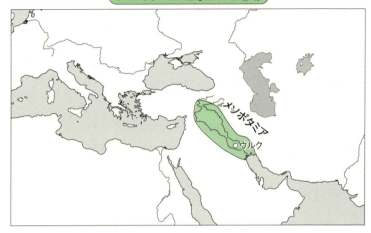

メソポタミアと呼ばれる地域

メソポタミアの古い都市は、「夜の地球」でみる世界史のなかの「最初の光の一点」といっていいでしょう。

都市を生んだ技術革新

6000～5000年前の世界でウルクのような都市が生まれた背景には、技術の革新があります。「産業革命」や「鉄器の普及」に匹敵することが、メソポタミアやそのほかの西アジアの地域で起きたのです。

それは現代からみれば、数百年単位のゆっくりの変化でしたが、当時としてはそれまでにない早いペースで、革新が行われました。

この時期の革新は「都市を生んだ技術革新」といってもいいでしょう。荷車や犂（畑を耕す農具）が発明され、これを牛などの家畜にひかせることがはじまりました。帆掛け船もこの時期の発明です。また、前に述べた青銅器という、はじめての実用的な金属器もつく

られるようになりました。そして5200年前頃には、文字も発明されたのでした。

　荷車、犂、帆掛け船、金属器、文字の使用——どれも、文明にとって「基本中の基本」といえるものです。これらはメソポタミアやその周辺のエジプトなどではじまったのです。

「繁栄の移り変わり」という視点

🔭 光の変化の傾向

ここまで、「夜の地球」をながめながら、現在や過去の世界をみわたしました。すると、そこに一定の傾向が浮かびあがってこないでしょうか？ それは、つぎのようなことです。

1．光の集まる場所は、時代とともに変化する。
2．光の明るさは、だんだん強くなっている。
3．光の分布する範囲は、だんだん広がっている。

ここでの「光」とは、その時代なりの文明的な生活が行なわれている都市や集落のことを指します。

第1の「光が集まる場所の変化」。これは、「世界のなかでの繁栄の中心は、時代とともに移り変わる」ということです。これはこの本の最大のテーマなので、あとでまた述べます。

第2の「光が強くなっている」という点。
これは、**「技術の進歩」を示しています**。都市や集落の光の強さを決める照明は、その要素のひとつです。
その進歩は、ほかの技術ともかかわっています。たとえば、前に述べたように製鉄技術→道具・機械の発達→燃料の油の増産→オイ

ルランプの普及といったことがあるわけです。

　照明がオイルランプから電灯になったことは、技術の進歩です。

　同じように、4000年前には貴重だった夜の明かりが2000年前の先進国では日常的になったのも「進歩」です。技術の進歩によって、多くの燃料や器具が生産され、人びとにいきわたるようになったのです。

　第3の「光の分布範囲が広がっている」という点。

「光の範囲」は、その時代なりの進んだ文明がある場所です。

　先進国か、それに近い生活が行われている地域。それが、時代とともに広がっているということです。

「進んだ文明」の中身は、時代によってちがいます。4000年前の世界では、大きな建造物や何万人もが暮らす都市があり、文字や金属器が使われているのが、進んだ文明でした。

　そのような状態の地域はかぎられていました。前にみたように、メソポタミアとエジプトの周辺、インダス川、黄河の流域くらいです。

　2000年前になると、その時代なりの「文明」の分布の範囲はそれよりも広がりました。ローマ、パルティア、クシャナ朝、中国の漢といった大国が、ユーラシアの広い範囲に連なっていたのです。

　現代の世界はどうでしょうか？　現代の先進国の分布は、散らばってはいますが、さらに広範囲になっています。ユーラシアだけでなく、北アメリカや日本にも「繁栄の中心」といえる場所があるのです。

さらに、先進国を追いかける「新興国」が、世界中にあります。東南アジア諸国、中国、インド、ロシア、トルコ、南アフリカ、それから中南米や東ヨーロッパのいくつかの国ぐになどです。

繁栄の中心の移り変わりに注目する

　さて本書では、以上3つのポイントのうち、とくに、「第1の点」に注目したいと思います。**「光の集まる場所＝繁栄の中心は、時代とともに移り変わる」**ということです。ここに注目すると、世界史はすっきりしたものになります。ひとつのつながった物語になるのです。これがこの本の中心テーマです。

　今の教科書の世界史は、ぜんぜん「すっきり」していません。「ひとつの物語」にもなっていません。とにかく、話があっちへ行ったりこっちへ行ったりします。それまでローマ史について述べていたのが、つぎの章からはインド史や中国史になる。そのときはたいてい、時間が大きく逆戻りします。それが多すぎるのです。

　しかし、「繁栄の中心は、時代とともに移り変わる」という視点で世界史を書けば、こうはなりません。**時代とともに移り変わっていった「繁栄の中心」を順番に追いかけていく。そうすれば、あちこちへ飛ぶことなく、一本の線をたどることができます。**

世界史の地域区分

🔭 地域区分の発想

　ここで、世界史にさらに分け入っていくための「まえおき」として説明しておきたいことがあります。

　それは、地理の話です。世界地理の感覚が全然ないと、やはり世界史はわからないし、楽しめません。くわしい知識はいりませんが、「ヨーロッパってどこだっけ？」「ユーラシアって何？」「西アジアって？」ということばかりだと、世界史の話がイヤになります。

　世界史をみわたすための地理としては、「世界全体をいくつかの地域に分ける」という、地域区分の考え方が重要です。

　世界の国ぐにを地理的にいくつかのグループにまとめたのが、「地域区分」です。たとえば、「ヨーロッパ」とか「西アジア」というのは、そのような地域区分です。

　なぜ、そこをひとつの「地域」だと考えるのか？　歴史的にその地域内の国ぐにや民族のあいだで、とくに深い交流があったからです。この「交流」というのは、平和的なものだけでなく、戦争も含みます。場所・時代によっては、その地域のほぼ全体が、ひとつの大きな国として統一されていたケースもあります。その結果として、「地域」のなかでは、ほかの地域と区別される共通の要素がいろいろとみられるのです。

　たとえば、長いあいだ密接な関係を続けてきた中国、日本、韓国、

北朝鮮は、ひとつの「地域」（東アジア）といっていいでしょう。これらの国ぐにのあいだでは、漢字のような、よその地域にはない共通の文化もいろいろあります。

このような、複数の国を含むまとまりが世界にはいくつかあります。また、大きな山脈や砂漠などが、地域を分ける自然の境目になっていることもあります。

おおざっぱな区分

では、世界はどのような「地域」に分けられるのか？　おおざっぱな区分を、つぎに示します（32、33ページ図参照）。

① 西ヨーロッパ　ドイツ、イギリス、フランス、イタリア、スペイン、北欧諸国など
② 東ヨーロッパ　ロシア、ポーランド、チェコ、ハンガリー、ウクライナ、ルーマニアなど
③ 西アジア　　　イラク、イラン、トルコ、サウジアラビア、シリアなど。エジプト、アルジェリアなど北アフリカも含む
④ 中央アジア　　カザフスタン、アフガニスタンなど
⑤ 南アジア　　　インド、パキスタン、バングラデシュなど
⑥ 東南アジア　　ベトナム、カンボジア、タイ、マレーシア、インドネシア、フィリピンなど
⑦ 東アジア　　　中国、日本、韓国、北朝鮮など
⑧ アフリカ　　　サハラ砂漠以南のアフリカ諸国

以上のうち、⑧アフリカを除く、西ヨーロッパから東アジアまで

（ヨーロッパ＋アジア）の①〜⑦の範囲を、**「ユーラシア（ユーラシア大陸）」**といいます。

　また、①〜⑧の地域区分とはちがう観点の、別扱いの範囲も設定してみましょう。

　まず、ユーラシア大陸のやや高緯度の、草原などが広がるやや乾燥した地域。これは「乾燥地帯」と呼びましょう。

　それから、さらに北方の1年の長い期間が雪と氷に覆われる世界。これは「寒冷地帯」と呼ぶことにします（いずれもこの本でのとりあえずの呼び方です）。これらは人口密度の低い地域です。とくに寒冷地帯は、より無人に近くなります。

　ユーラシアとアフリカをあわせて、**「旧世界」**ともいいます。ヨーロッパ人にとって「古くから知られている地域」という意味です。

　これに対し、**「新世界」**というのもあります。南北アメリカ大陸、オーストラリアなどのオセアニアをまとめて、そう呼びます。

　ヨーロッパ人が大航海時代（1400〜1600年代）以降に「新しく知った地域」ということです。その大部分は比較的新しい時代になって、人が多く住むようになったり、本格的な国ができたりしています。

　新世界の地域区分はつぎのとおりです。

⑨北アメリカ　　　アメリカ合衆国、カナダ
⑩**ラテンアメリカ**　メキシコ、ブラジル、アルゼンチン、チリなど。中南米ともいわれ、メキシコなどの「中米」と、ブラジルなどの「南米」に分けられる
⑪**オセアニア**　　オーストラリア、ニュージーランドなど

これらの地域の区分を世界地図に落とすと、次のようになります。また、いくつかの「海」についても知っておいてください。**「地中海」「大西洋」「インド洋」「太平洋」**などです。

　また、34ページの図は、以上の地域区分を図式化したものです。「カンタン世界地図」とでも名付けましょう。このように単純化すると、よりイメージがわきやすいかもしれません。

 **地名の整理箱**

　地域区分は、「どう分けるか」について、さまざまな見解があります。「これだ」という決定版があるわけではなく、ここで示したものも、ひとつの考え方にすぎません。それでも、入門としては十分役立つでしょう。

　それから、こういう区分ではこまかいことは気にしなくて大丈夫です。**各地域のおおまかな位置や範囲のイメージが持てればいいのです。**

　ただ、そこに含まれる代表的な国は、いくつかおさえておきましょう。たとえば「西ヨーロッパ」であれば、ドイツ、イギリス、フランス、イタリアなどがある、といった具合です。

世界全体の地域区分

　世界のところどころには、どちらの「地域」に含めるべきか迷うような微妙な場所もあります。「地域区分」というものは、そこを承知であえて線引きをしているのです。

　地域区分は、いわば「地名の整理箱」です。それは、世界史をイメージしやすくする道具のひとつなのです。

　たとえば、「シリア」という地名が話にでてきたけど、よく知らなかったとします。でも、地域区分の知識があると、「それは西アジアだ」といわれればだいたいの位置がわかります。

　さらに知識があれば、「西アジア」全般に通じる特徴をいくつか

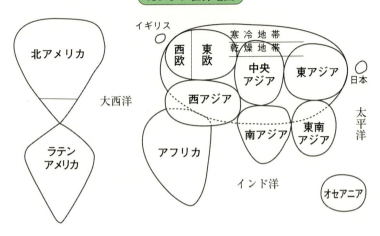

思いつくでしょう。乾燥した気候、イスラム教徒が多数派であること等々……そういうイメージがあると、世界史の話はアタマに入りやすくなります。

世界史を数ページで要約すると

前に「繁栄の中心は時代とともに移り変わる」「そこに着目すると、世界史は一本のつながった物語になる」と述べました。

では、5000年余りの世界史において、繁栄の中心はどのように移り変わってきたのか？ それを数ページで要約すると、以下のようになります。

* *

西アジアの時代

5500年前頃、西アジアのメソポタミアで最も初期の重要な文明が生まれた。

その文明は周辺のエジプト、シリア、アナトリア（今のトルコ）、ペルシア（イラン）などにも広がり、鉄器をはじめて本格的に用いたヒッタイトなど、古くからの中心であるメソポタミアにも大きな影響をあたえる強国が周辺の地域から生まれた。

その後長い時間を経て、2500年前頃には西アジアの主要部を統一する大帝国（アケメネス朝ペルシア）が成立した。

ギリシアの時代

一方、西アジアの文明に学んでおこったギリシアの文明が、2500年前頃からおおいに繁栄し、科学・哲学や民主政など、後世に大きな影響をあたえた文化が花ひらいた。2300年前頃には、ギリシア人

の一派であるマケドニアが、ギリシア全体と西アジアの広い範囲を征服して大帝国を築いた。

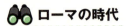 ローマの時代

2200年前頃からは、ギリシアの西どなりのイタリア半島でおこったローマが台頭し、ギリシアを含む周辺国を征服して、紀元後まもなく（2000年前頃）には地中海を囲むローマ帝国を築いた。

ローマ帝国は西暦100年代に最盛期をむかえ、繁栄の中心はギリシアからイタリア半島にシフトした。ローマ人はギリシアの文化に全面的に影響を受けた。同時期、中国では漢が繁栄した。

しかし、やがてローマも衰退し、帝国の西半分（西ローマ帝国）が400年代後半には体制崩壊してしまった。繁栄の中心はローマ帝国の東半分（東ローマ帝国）であるギリシア周辺に再び移った。

イスラムの時代

600年代には、西アジアの一画からイスラムの勢力が台頭し、700年頃までには巨大なイスラム帝国を築いた。イスラム帝国では隣接する東ローマ帝国の影響を受け、ギリシア・ローマの遺産に基づく学問が盛んになった。

その後数百年は、イスラムの国ぐにが世界の繁栄の中心となる。ただし、イスラム帝国は800年代には分裂し、いくつものイスラムの国ぐにが並び立つようになった。ほぼ同じ時期、中国の王朝（唐・宋など）も、おおいに繁栄した。

イスラムの国ぐにのなかでは、700年代後半から今のイラクにあるバグダードが中心的な都市として繁栄したが、1100年頃からはエジプトの都市カイロに繁栄がシフトしていった。

🔭 イタリアとスペインの時代

1400〜1500年代には、イスラムの文化を吸収してイタリアの都市国家とスペインが台頭した。イタリアとスペインは、西ヨーロッパのなかではイスラムの国ぐにと距離が近く、深い関係にあった。

イタリアを中心にイスラムの国ぐにで研究されていたギリシア・ローマ文化の復興をかかげる「ルネサンス」が花ひらく一方、スペインと隣国ポルトガルはアメリカ大陸などの海外に進出して多くの植民地を築いた。

🔭 オランダの時代

1600年代には、スペインに支配されていたオランダが独立して台頭し、商工業でおおいに栄えた。ヨーロッパの繁栄の中心は、イタリア・スペインのある地中海沿岸から、ベルギー・オランダなどの西ヨーロッパ北部へとシフトしていった。

🔭 イギリスの時代

1700年代には、オランダと海峡をはさんでとなりにあるイギリスが台頭した。イギリスはベルギー・オランダから多くを学んだ。

1700年代後半にはイギリスで産業革命がおこり、1800年代半ばまでにその動きはほかの西ヨーロッパ諸国やアメリカ合衆国にも波及した。

その後の技術や産業の発展で、西ヨーロッパは世界のなかで圧倒的な存在になった。

1900年頃までには、アジア・アフリカの広い範囲が西ヨーロッパ諸国に支配されてしまった。とくに1800年代のイギリスは、世界中

に植民地を持つ「大英帝国」として繁栄した。

アメリカの時代

　1900年頃からは、イギリスにかわってアメリカ合衆国が台頭した。そのころのアメリカでは、電気の利用など、産業革命をさらに前進させる革新がつぎつぎと行なわれた。ニューヨークなどの中心都市があるアメリカの東海岸とイギリスは、大西洋をはさんでとなりの位置関係にある。

　1900年頃、アメリカの工業力は世界のなかで最大となり、のちに軍事力や科学・文化でも同様となった。2000年代（21世紀）になると中国などの新興国が台頭し、アメリカは「衰退した」ともいわれるが、現在も「世界の繁栄の中心」であり続けている。

「となり・となりの法則」で世界史をみる

🔭 繁栄の中心の移り変わりのまとめ

さきほどみたように、世界史では、その時代を代表する繁栄を築いた、いくつもの大国・強国が興亡してきました。その「繁栄の中心の移り変わり」をざっくりまとめると、以下のとおりです。

1. 西アジア
2. ギリシア・ローマ
3. イスラム
4. 西ヨーロッパ
5. アメリカ

もう少しくわしく繁栄した地域をみると、次のようになります。

・①メソポタミア
・②メソポタミア周辺（エジプト・シリア・トルコ・ペルシアなど）
・③ギリシア
・ローマ帝国（④イタリア半島周辺→⑤ギリシア周辺の東ローマ）
・イスラムの国ぐに（⑥バグダード周辺→⑦カイロ周辺）
・西ヨーロッパ（⑧イタリア・スペイン→⑨オランダ→⑩イギリス）
・⑪アメリカ

現在までの繁栄の中心の移り変わり

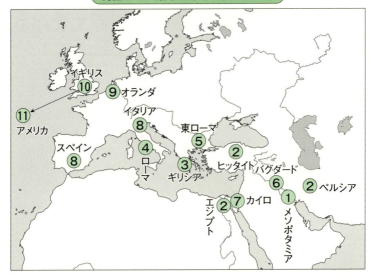

　このような「繁栄の中心の移り変わり」に着目することで、世界史は見通しのよいものになります。

　上の図は、さきほど述べた①メソポタミアから⑪アメリカまでの「繁栄の中心の移り変わり」を地図に落としたものです。それぞれの数字は、中心都市があった場所などを目安に置いています。
　こうしてみると、世界史上の繁栄の中心は、さきほどの地域区分でいう「西アジア」と「西ヨーロッパ」にあるのがほとんどです。
ほかにも中国のような重要な国もあるのですが、西アジアと西ヨーロッパがこれまでの世界史における重要地域であることはまちがいありません。

「となり・となり」の法則

さらに、この地図をみると「繁栄の中心の移り変わり」には、単純な法則性がうかびあがってこないでしょうか。それは、つぎのようなことです。

新しい繁栄の中心は、それまでの「中心」の外側で、しかしそんなには遠くない周辺の場所から生まれる。それは、世界全体でみれば「となり」といえるような近い場所である。

たとえば、最初の文明がおこって以来、2000〜3000年ほどのあいだに、文明の分布の範囲は広がっていきました。

そして、その時代に最も栄えた国＝文明の繁栄の中心といえる場所も、最初の文明がおこった西アジアから、その西側のギリシアに移動していったのです。「移動」といっても、「人が移り住んだ」ということではなく、「繁栄が、ある国から周辺の別の国に移った」ということです。

繁栄の「移動」は、何百キロ、あるいは千キロ以上の移動で、日常感覚では「遠い」のかもしれません。でも、**世界の広い範囲を大きくみわたして考えれば、「となり」といっていいような距離です。**

西アジアの一画のトルコはギリシアに隣接していますし、エジプトとギリシアは地中海をはさんで向き合っています。

イギリスからアメリカというのは、一見「となり」には思えないかもしれません。しかし、イギリスとアメリカの東海岸はじつは「大西洋をはさんでとなりどうし」です。

鉄道や自動車以前には、長距離の移動は陸路よりも海路のほうが便利でした。だからこそアメリカの東海岸にイギリスの植民地がつくられた、ということです。

　世界史をみわたすと、そういう意味での「となり」へ「繁栄の中心」が移っていくことが、くりかえされてきました。
　繁栄の中心がそれまでの場所からその周辺＝となりへ移り、その後何百年か経つと、さらにその「となり」へと移っていく、ということが何度も起こってきたのです。「となり・となり」で、「中心」が移っていくわけです。いわば「となり・となりの法則」です。
　「となり・となり」という視点で世界史をみわたすと、世界史は一本のつながった物語になって、見通しやすいものになるはずです。

　さきほどみた各時代の「繁栄の中心」は、すべて「となり・となり」の関係にあります。**新しい中心は、その直前の中心の近くから出ています。数千年にわたって、全部がつながっている**のです。

　世界史を学ぼうとする人にとっては、おおまかな「全体像」こそが、まずは知りたいことです。そして、その全体像をとらえるためには、一定の視点が必要です。
　「となり・となりの法則」は、そのための基本となる見方として、おおいに役立つことでしょう。

　本書の第2部以降では、そのような視点で世界史をみていきます。

第2部

中心の移り変わりでたどる世界史

ここでは5000年余りの世界史を、一気にみわたします。枝葉のことにはとらわれず、「繁栄の中心となった大国の移り変わり」という視点で、最初の文明から現代までの大きな動きをみていきます。つまり、繁栄の中心が「西アジア」→「ギリシア・ローマ」→「イスラム」→「西ヨーロッパ」→「アメリカ」と移り変わっていった流れです。

世界史の通史①

西アジアの文明

紀元前3500年（5500年前）～紀元前500年（2500年前）

▶ メソポタミアの文明

　紀元前3500年（5500年前）頃、今のイラクとその周辺にあたるメソポタミアという土地で、大規模な建造物を備えた最も初期の重要な文明が生まれました。そのころにシュメール人といわれる人びとがつくった、いくつかの都市がメソポタミアにあらわれたのです。

　その代表的なもののひとつに**ウルク**という都市がありました。紀元前3100年（5100年前）頃のウルクの面積は、250ヘクタールほどでした（1ヘクタールは100m×100m）。土を乾燥してつくったレ

メソポタミアの主な都市

最も初期の時代の文書
粘土板に文字を刻んだ

バビロン、ニネヴェは、地図にあるほかの都市よりも後の時代に栄えた

ンガによる建造物が立ち並び、2万～3万人が住んでいたと考えられます。今の私たちからみても、堂々たる「都市」です。

その後4900～4700年前頃には、ウルクの面積は400ヘクタールに達し、人口は4万～5万の規模になっていました。そこにはそれだけの人口をまとめる、専門の役人などを抱えた支配の組織、つまり「国家」といえるものもあったと考えられます。

世界最古の文字も、ウルクで紀元前3200年（5200年前）頃に生まれています。これはのちに「楔形文字（くさびがた）」という、紀元前のメソポタミア周辺で広く用いられた文字に発展しました。

紀元前1000年（3000年前）頃までに、その文明は、メソポタミアの周辺へ広がっていきました。

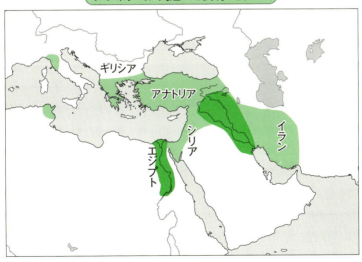

メソポタミア周辺への文明の広がり

■ 紀元前3000～前2000年頃文明が栄えていた地域
■ 紀元前2000～前800年頃文明が広がった地域

西側では、シリア地方やアナトリア（今のトルコ）、さらにギリシアなどへ。東側では、今のイランなどに。南西のエジプトでは、メソポタミアからやや遅れて、メソポタミアに匹敵する独自の文明が花ひらきました。

　その後は、もともとは周辺的だった、あとになって文明が伝わった地域で、メソポタミアなどのほかの地域に大きな影響を及ぼす強国が生まれるようにもなりました。

　たとえば、今のトルコに中心があり、紀元前1600年代（3700〜3600年前）に強大化した**ヒッタイト**という国は、すぐれた技術や軍事の力でそれまでの文明の中心であったメソポタミアの王国を滅ぼしたり、エジプトと戦ったりしました。

　ヒッタイトは、紀元前1500年頃に世界でいちはやく鉄器を本格的に使用したことで知られています。

「西アジア」という地域

　メソポタミアや、その周辺のシリア地方、イラン、トルコなどの地域をまとめて「西アジア」といいます。そこにはエジプトなどの北アフリカの一部も含みます。

　この時代（紀元前3500年頃〜紀元前1000年頃）の西アジアの文明は、のちの世界にたいへん大きなものを残しました。文字、金属器の量産、車輪を使った乗り物、何万人もの人が暮らす都市——そんな、**文明にとって基本中の基本となるものの多くが、最初に西アジアでおこり、そこから世界の広い範囲に伝わった**のです。

　文明のはじまりの時代以降、西アジアでは長いあいださまざまな国や民族が勢力を争いました。最初の頃、それぞれの国の規模は、

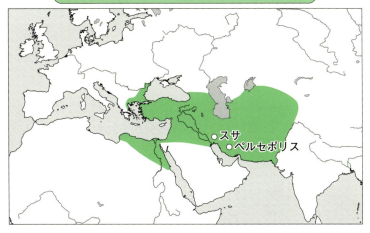

アケメネス朝ペルシア（最大領域、紀元前500年頃）

都市を中心とするかぎられたものでした。しかし、強大な国がほかの国を征服・支配することで、より大きな国ができていきました。

紀元前2300年代（4400〜4300年前）にはメソポタミア全体を統一する国ができ、紀元前600年代（2700〜2600年前）には**アッシリア**という国が、数十年の間ですが西アジアの大部分を支配しました。

そして、紀元前500年代（2600〜2500年前）には、今のイランを根拠地とする**アケメネス朝ペルシア**が強大となり、西アジアの主要部全体を支配する帝国を築きました。

「帝国」とは「複数の異なる民族を征服・支配する国」のことです（「民族」とは「言語などの文化を共有する集団」のこと）。西は今のトルコから南はエジプト、東はインドのインダス川付近までを支配する巨大な帝国ができたのです。

2500年前の当時、そのような大国は世界のほかの地域にはありま

せんでした。**アケメネス朝ペルシアは「(比較的長続きした) 最初の大帝国」といえる、世界史上の重要な国のひとつです。**

今の世界では他国への侵略は許されないことですが、世界史のほとんどの時代においては、「征服が大国をつくる」ということが原則でした。アケメネス朝ペルシアも、のちの時代のローマ帝国もイスラム帝国も、もともとはかぎられた範囲を支配する国でした。それが、周辺各地を征服・支配することによって大国になったのです。

四大河文明

その後の多くの文明や国のルーツになった、とくに重要な古い4

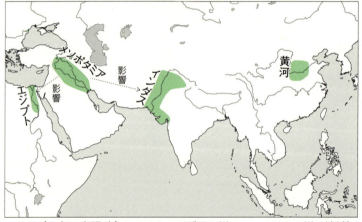

四大河文明

- メソポタミア文明（今のイラク、チグリス川・ユーフラテス川の流域）
  　　　　　　　　紀元前3500年頃〜
- エジプト文明　　（ナイル川）紀元前3100年頃〜
- インダス文明　　（インド西部、インダス川）紀元前2300年頃〜
- 黄河文明　　　　（中国、黄河）紀元前1600年頃〜（前2000年頃〜とする説もある）

つの文明を**「四大河文明」**といいます。メソポタミア文明、エジプト文明、インダス文明、黄河文明——どれも、大河のほとりで生まれました。

このうち、メソポタミアとエジプトという西アジアの2つの文明が、ほかとくらべて古いです。西アジアは、世界のなかで「文明発祥の地」といえます。さらにそのなかで、メソポタミアがとくに古く、重要であるということです。

「エジプト文明やインダス文明はメソポタミア文明の影響で生まれた」という説があります。たしかに、エジプトはメソポタミアに比較的近いので、影響を受けたとしても不思議ではありません。

インダス川流域も、メソポタミアとの距離は、エジプトとそう大きくは変わりません。インダス文明を築いた人たちは、メソポタミアの人びとと、おもに海のルートで行き来があったと考えられます。

黄河文明については、ほかの文明との関係はわかっていません。しかし、4つの文明のなかで一番新しいので、先行する文明の影響があったのかもしれません。

なぜ西アジアで？　なぜメソポタミアで？

では、なぜ西アジアで最初の文明が生まれたのでしょうか。

それはおそらく**「ムギ類などの、栽培・収穫のしやすい植物が自然状態で豊富に生えていた」ことが大きい**のでしょう。

ムギ類には野生でも多くの実をつけ、種をまけば発芽しやすく、成長も早いといった、すぐれた栽培植物になりうる性質がありました。ムギ類の栽培は、9000年ほど前にメソポタミアの北部などではじまりました。

気候や土壌に恵まれていることに加え、そのような植物を手近に

利用できたからこそ、いちはやく本格的な農耕がはじまったのです。それは、文明が生まれるうえで有利な条件だったはずです。

　そして、**西アジアのなかのメソポタミアやナイル川流域で最も早く文明が発達したのは、大規模な灌漑（かんがい）農業に適した土地だったから**でしょう。

「灌漑農業」というのは、「雨水だけに頼らず、河川などの水を、用水路などの設備をつくって利用する農業」のことです。初期の原始的な農耕は、もっぱら雨水に頼るものでした。しかし、それでは「ほどよく雨が降る」という条件に恵まれた、ごくかぎられた土地でしか農業ができません。

　灌漑農業ができれば、もっと大規模に、広い範囲で農業ができます。そうすれば、より多くの人が集まって住んでも生きていけるだけの、大量の食糧が生産できます。つまり、大きな都市をつくるのに必要なだけの食糧が得られるのです。

　もちろん、それには技術が必要です。紀元前3500年（5500年前）頃に「文明」やその舞台となる都市が発生したのは、相当な規模の灌漑農業が可能なくらいに技術が熟してきたからです。それには、農耕のはじまりから数千年の時間がかかりました。

　メソポタミアの南部＝チグリス川・ユーフラテス川の下流は、もともとは農業にはやや適さない土地でした。雨も少なく、そこを流れる大きな川の水はコントロールがむずかしく、それなりの技術がないと利用できなかったのです。しかし、水さえ利用できれば、大規模な農業が可能でした。

　そして、それだけの技術を持つ人びとがメソポタミア南部で開発をはじめたことによって、文明や都市が生まれたわけです。

メソポタミアの南部では、紀元前5000年（7000年前）頃から一定の灌漑農業が行われていました。

　ただし、その担い手が、ウルクなどの都市をつくったシュメール人であったかどうかは、はっきりしません。別の人たちであった可能性もあります。シュメール人が、メソポタミア南部に、いつ、どこからやってきたのかは、わかっていないのです。

📎「西アジアの文明」まとめ

最初の文明が生まれた西アジア

ムギ類などの栽培しやすい植物が自然に存在
9000年前　ムギ類の栽培はじまる

メソポタミア南部での灌漑農業

雨の少ない土地で大河の水を利用

前3500

最も初期の文明が生まれる

メソポタミア　シュメール人による都市

前3000〜前1000

文明がメソポタミアの周辺へ広がる

エジプト、シリア、アナトリア（今のトルコ）、
ペルシア（今のイラン）、ギリシア……
インドのインダス文明にも影響

前2300年代　メソポタミア全体の統一
前1600年代　ヒッタイト強大化
前600年代　アッシリア、西アジアの大部分を支配

前500

アケメネス朝ペルシア

西アジアの全体を支配する大帝国

世界史の通史②

ギリシアとローマ

紀元前500年（2500年前）～西暦500年

◉ ギリシアの文明のはじまり

　西アジアの技術や文化は、アナトリア（今のトルコ）などから海を渡ってとなりにある、ギリシア周辺にも伝わりました。そして、紀元前2000年（4000年前）頃には、大きな宮殿を備えた本格的な文明が栄えるようになりました。

ギリシアとその周辺

■ 部分はギリシア人の主な居住地

ギリシアの周囲には、「地中海」という、陸地に囲まれた海がありました。地中海沿岸の人びとは、海を行き来して互いに密接に交流していました。そこで、地中海沿岸をひとつのまとまった地域と捉える見方があります。

　その後、ギリシアでは1000年余りのあいだ、いくつもの国の興亡や、そこに住む中心的な民族の入れ替わりなどの紆余曲折がありました。とくに、紀元前1200年（3200年前）頃からの数百年間、ギリシアは大混乱に陥りました。その原因や実態はよくわかっていませんが、その数百年で、それまでに使われていた文字が忘れられてしまうほど、ひどいことになったようです。ただしその間に、「鉄器を使用するようになる」といった進歩もありました。

　しかし、紀元前700年代（2800〜2700年前）に**「ポリス」**という、都市を中心とするギリシア人の国家が成立してからは、安定するようになりました。代表的なポリスとしては、**アテネ**や**スパルタ**があります。

　そして、失われた文字にかわって新たな文字もつくられました。それがギリシア文字です。この文字は、のちの欧米のアルファベット（ＡＢＣ…）の原型になりました。

🔎 ギリシアの遺産

　その後、**ギリシアのポリスは急発展し、紀元前500年代から紀元前300年代（2600〜2300年前）に最盛期をむかえました。** そして、後世に大きな影響をあたえる画期的な文化が花ひらきました。哲学や科学は、その代表的なものです。

　ギリシア人以前にも、西アジアなどの文明の発展した地域では、一定の学問的知識といえるものはありました。ギリシア人も、最初

は西アジアの学問に学んだのです。そもそも、ギリシアの文字だって、もともとは西アジアの一画を拠点とするフェニキア人という人びとの文字をもとにしてつくったものです。

　紀元前600〜500年代（2700〜2500年前）の、高度な文化を築きはじめた頃のギリシアの文化人のなかには、エジプトへ行って学問をした人がかなりいました。

　たとえば教科書にも出てくる、古代ギリシアの「ソロンの改革」（紀元前600年頃）を指導した、ソロンというアテネの政治家は、エジプトに行って学んだことがあります。53ページの、西アジアとギリシアの位置関係を示した地図をみてください。ギリシアとエジプトは、地中海をはさんで「となり」どうしなのです。

　鉄道や自動車以前には、遠い距離の移動は、陸路より海路のほうが、たいていは便利でした。ギリシア人はとなりにある、古くからの文明国に学んだわけです。

　しかし、**もともとは西アジアの学問に学んだとはいえ、それよりもはるかに深い論理や体系性、豊富な情報がギリシアの学問にはあります。**ギリシア人は、それまでの歴史の遺産を受け継ぎながら、それを大きく超えるものを生み出しました。

　当時のギリシアの代表的な学者には、**プラトン**（紀元前427〜前347）や、その弟子の**アリストテレス**（前384〜前322）がいます。彼らの著作のうち今も残っているものが「全集」として現代語訳されていますが、それらは全巻あわせて何千ページにもなります。このようにぼう大な著作を行う知識人も、この時代になるとあらわれました。

　ギリシアの科学や哲学は、あとでみるように、ギリシア→ローマ

→イスラム→ヨーロッパへと受け継がれていきます。のちにヨーロッパで起こった近代科学は、こうしたギリシアの学問の伝統のうえに立っています。

🔴 ギリシアで生まれた「民主主義」

それから、**社会の多数派の人びとが政治的な意思決定に参加するしくみ、つまり民主政（民主主義）にかんする考え方も、ギリシア人が残した大きな遺産**です。

ギリシアのポリスのなかでとくに民主政が発達したアテネでは、紀元前400年代に民主政のしくみが完成しました。そこでは成人男性市民の全体集会で政治の方針が決められたのです。これは、世界史における「民主主義の先駆け」といえるものでした。しかし女性や、当時のアテネの総人口（推定15万〜20万人）の3分の1を占めたといわれる奴隷には参政権はありませんでした。「民主主義」といっても現代とはだいぶ様子がちがいます。

また、紀元前500年代（2600〜2500年前）のギリシアでは、金属の貨幣＝コインが本格的に使われるようにもなりました。史上はじめてコインがつくられたのは、アナトリア（ギリシアの東のとなり）にあった**リディア**という国で、紀元前600年代のことでした。しかしリディアでは、コインはギリシアほどは広く普及しませんでした。ギリシア人は、それを取り入れてさかんに使いはじめたのです。

コイン以前には、金・銀の粒やかたまりの重さをそのつど量って、その価値に見合う商品などと交換することが行われていました。しかし、コインの発達でそのような手間がなくなっていきました。

コインが普及するということは、それを活用できるだけの発達し

た経済が、ギリシアにはあったということです。そして、コインの使用によって、さまざまな売買・取引がさかんになり、経済はさらに発展しました。

ペルシア戦争、アレクサンドロスの帝国

紀元前400年代（2500～2400年前）には、アテネを中心とするポリスの連合軍が、当時の世界で最大の国だったアケメネス朝ペルシアと戦争して勝利しています。**「ペルシア戦争」**です。

といっても、ペルシアを征服したのではなく、攻めてきたペルシア軍をいくつかの合戦で撃退した、というものですが、当時のギリシアの勢いを示しています。

さらに、紀元前300年代（2400～2300年前）には、ギリシアの北方の**マケドニア**（53ページ図）に**アレクサンドロス大王**（前356～前323）という強力な王があらわれ、急速に勢力を拡大しました。マケドニアは、ギリシア人の一派の国なのですが、ポリス（都市を中心とする共和国）ではなく「王国」をつくっていました。

マケドニアは、アレクサンドロスの先代である父の時代に、いくつものポリスが並び立っていたギリシア主要部のほぼ全体を支配するようになりました。

そしてアレクサンドロスの時代には、西アジアのエジプトやペルシアなどに遠征して勝利し、これらの地域を支配下におく大帝国を築きました。つまり、**もともとは西アジアよりもずっとおくれて「文明化」したギリシアが、古くからの「文明の中心」である西アジアをのみ込んでしまった**のです。

世界の繁栄の中心は、メソポタミアやエジプトなどの西アジアからギリシアに移ったといえるでしょう。

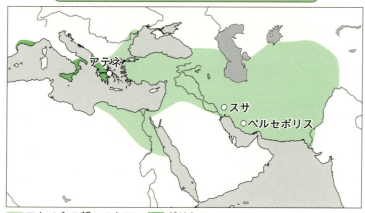

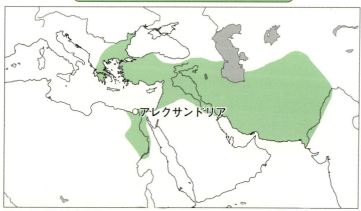

要するにほぼ「ギリシア+ペルシア帝国」である

しかしこの帝国は、アレクサンドロスが若くして病で急死したあと、まもなく分裂してしまいました。しかしその後も、西アジアから地中海沿岸にかけての広い範囲で、ギリシア人やギリシア文化の影響は続きました。

アレクサンドロスの時代から、のちに台頭するローマ帝国の繁栄が本格化する紀元前1世紀までの約300年を、ヘレニズム時代と呼びます。 これはギリシア人が自分たちを「ヘレネス」と称したことにちなんでいます。

◉ ローマ帝国の誕生

新しい「繁栄の中心」となったギリシア。しかし、そのギリシアもしだいに以前ほどの活気はなくなっていきました。その一方で、ギリシアの西のとなりのローマという国が台頭してきます。

ローマは、もともとはイタリア半島の一地域の国です。はじめは異民族の王に支配されていましたが、紀元前500年（2500年前）頃にその王を追放し、共和国として独立しました。**ローマ人は、ギリシア人とは別系統の民族ですが、イタリア半島には、東のとなりであるギリシアからさまざまな技術や文化が伝わりました。**

ローマ人は、軍事や政治の面でとくにすぐれていました。土木や建築などの技術面でも、高い能力を持っていました。ギリシアのポリスが繁栄していた時代から、何百年もかけて多くの国ぐにを征服し、勢力の拡大を続けたのです。

紀元前200年代（2300〜2200年前）には、イタリア半島を統一。紀元前200年頃にはヒスパニア（スペイン）を、紀元前100年代にはギリシアも制覇。紀元後まもなくまでには、シリア地方（西アジアの一画）、ガリア（今のフランス）、エジプトなどもローマによって

征服されました。

　さまざまな国を征服した結果、紀元後まもなくの頃には、ローマは地中海を囲む巨大な帝国になっていました。「ローマ帝国」の誕生です。帝国の首都ローマの人口は西暦100年代には100万人に達しました。「繁栄の中心」が、ギリシアからその西の「となり」であるイタリア半島に移ったのです。

　大帝国が形成される過程で、ローマの内部では政治的な争いも起こりました。紀元前1世紀に活躍した**カエサル**（前102または前100〜前44）はそうした争いを勝ち抜き強大な権力を得て、のちのローマ帝国の基礎となる改革を行いました。伝統的なローマの政治は、多数の有力者どうしの話しあいを重視しましたが、カエサル以降は、1人の絶対権力者＝皇帝を中心とする体制に変わりました。

ローマ帝国（最大領域、西暦100年代はじめ）

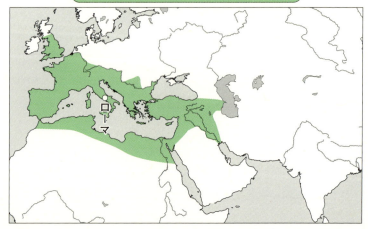

ローマ帝国の文化

ローマ人は、征服した国ぐにのさまざまな文化を、自分たちの帝国のなかに取り入れました。そのなかで最も重視したのが、ギリシアの文化でした。たとえばローマの学問・科学は、全面的にギリシアのものをもとにしています。美術や建築も、ほぼ同様です。「ローマ人は、ギリシア人を軍事的・政治的に征服したが、文化的には征服された」などともいわれます。

ただし、ギリシア起源でない文化でも、重要なものがあります。その代表が**キリスト教**です。キリスト教は紀元後まもない時期に、**イエス**(前7または前4頃〜後30頃)とその弟子たちによって、当時ローマ帝国の領域だった西アジアのパレスチナ地方で創始されました。「キリスト」とは「救世主」を指す言葉です。

キリスト教の母体になっているのは、当時のパレスチナを中心に普及していた**ユダヤ教**です。キリスト教は唯一絶対の神を信仰する「一神教」ですが、それはユダヤ教の考え方に基づいています。

ユダヤ教が確立したのは紀元前500年代(2600〜2500年前)のことで、今の世界で有力な宗教のなかでは最古の一神教といえます。

それまでの宗教の主流は複数の神が存在する「多神教」でした。ローマ人がキリスト教以前に信仰していたのも、ギリシア人から影響を受けた多神教です。

ただし、ユダヤ教が基本的に「ユダヤ人という特定の民族の宗教」であったのに対し、キリスト教には民族を超えた、よりオープンな性格がありました。

キリスト教は、ローマ帝国の各地に広まりました。最初は「あやしい新興宗教」として弾圧されましたが、しだいに公認されていき

ました。そして、西暦300年代末には、ローマ帝国の「国教」(国をあげて信仰する宗教) にまでなったのです。

🌱 インフラの建設

　文化では「ギリシアに征服された」といわれるローマ人ですが、政治・行政やインフラ (社会生活の基盤となる施設) の建設といった実務的な分野では、ギリシア人を超える高度なものを生み出しました。

　それを象徴するのが、ローマ帝国の全土に建設された道路網です。西暦100年頃、ローマ帝国の領域は最大となり、720万平方キロに達しました。そして、西暦200年代末の史料によれば、帝国全体で8万6000キロの公道が整備されていました。石畳や砂利で舗装された幹線道路です。ちなみに、1900年代後半に整備された、アメリカ合衆国全土 (980万平方キロ) をカバーする高速道路網 (インターステート・ハイウェイという) の総延長がほぼ同じ8万8000キロです。

　また、水道の整備にも、ローマ人は力を入れました。ローマ帝国のおもな都市では、遠くの沼や湖などから水路をつくって都市に水を供給しました。そのために、水道橋をつくったり、トンネルを掘ったりもしました。ギリシア人もすでにこのようなことを行っていましたが、それを改良し、さらに大規模に行ったのです。

　都市には公共浴場や数多くの水汲み場が設けられ、市民はふんだんに水を使う暮らしができました。

　2000年前頃になると、それだけのインフラを整備するところまで、文明は進んだのです。当時のローマ人は、そのような「進歩」の先端を担っていました。

帝国の衰退と解体

ローマ帝国は西暦100年頃に最盛期をむかえましたが、その後百年単位の時間のなかで、だんだんと衰退していきました。

そして、**西暦400年代後半には、帝国の西側の「西ローマ帝国」（イタリア半島周辺など）が、外部からの異民族の侵入の影響や内乱などで体制崩壊**してしまいました。これによって繁栄の中心は、イタリア半島から、体制崩壊を免れた帝国の東側（ギリシア周辺など）に移りました。中心がギリシア側に戻った、ともいえます。

それ以前から繁栄の重心は徐々に東側にシフトしていたのですが、西側の体制崩壊でそれが決定的になりました。このいわば「生き残った」側の帝国は**「東ローマ帝国」**といいます（「ビザンツ帝国」とも呼びますが、本書では「東ローマ帝国」とします）。

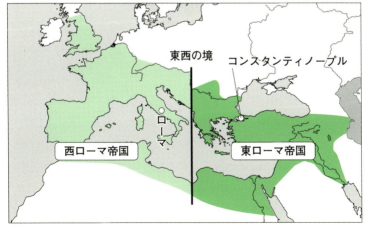

コンスタンティノープルは、東ローマ帝国の都

西ローマ帝国の崩壊の一因となった「異民族の侵入」とは、**「ゲルマン人（ゲルマン系民族）」**といわれる人びとによるものです。いわゆる「ゲルマン人の大移動」です。

　ゲルマン人は、ローマ帝国が繁栄していた時代には、ローマの人びとからみて辺境の、ヨーロッパの東や北などの周辺各地で素朴な暮らしをしていました。しかし、ローマと接することで一定の技術や文化を身につけ、新興の勢力となったのです。

　西ローマ帝国の崩壊後、ゲルマン人はその跡地に、それぞれのグループ（部族）ごとに自分たちの王国を築きました。しかし、それらの王国の多くは不安定で、それほど長続きすることなく滅びていきました。その200～300年の間に、かつて栄えた文化はすっかりおとろえてしまったのでした。

中国の秦と漢

　ここで少しだけ、これまで「四大河文明」のときに少しだけ触れた中国とインドについて述べます。

　まず、中国です。紀元前1600年頃（紀元前2000年頃という説も）の黄河文明の誕生以来、その文明は周辺に広がっていき、いくつもの国が生まれました。

　紀元前700年代（2800～2700年前）からは、国ぐにのあいだの勢力争いが激しくなり、国ぐにが競いあうなかで経済や文化も活性化しました。そこから、のちの中国に大きな影響をあたえた思想家も多く登場しています。「儒教」という思想を生んだ孔子（前552または前551～前479）は、その代表的な一人です。

　そして、紀元前200年代には、秦という国がほかの国ぐにを征服して、当時の中国の全体を統一しました。秦の王・政（前259～前

210)は**「始皇帝」**と名乗り、絶対の権威となりました。この統一は、現在につながる中国の原点といえます。

しかし秦の支配は十数年の短期で終わり、その後まもなく漢という王朝によって、再統一がなされました。**「王朝」というのは「国王や皇帝が支配者である政権**のことです。**「皇帝」とは、複数の異民族をも支配する大国である、「帝国」の王**ということです。「王のなかの王」といってもいいでしょう。

漢王朝はその後、紀元後まもなくまで200年ほど続きました。そして、漢が滅んで別の政権を15年ほどだけはさんで、漢王朝を復活した**後漢**ができました。後漢は西暦200年代まで続いたので、これも含めると、漢は400年あまり続いたことになります。なお、最初の漢のことは、前漢ともいいます。

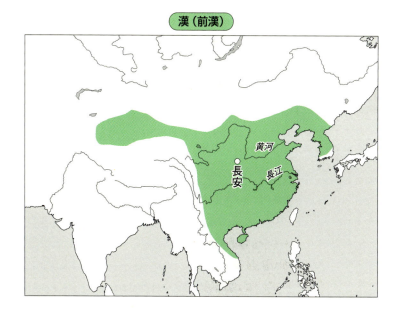

漢（前漢）

今の中国人の多数派は「漢民族（漢族）」といわれます。中国の文字は「漢字」です。これに象徴されるように、漢の時代は、のちの中国の政治や文化の基礎がつくられた時代でした。ただし、漢字の起源は、黄河文明の初期の頃までさかのぼります。

インドのマウリヤ朝

　インドの歴史でも、中国史における秦や漢のような「原点」があります。それは、**紀元前200年代（2300〜2200年前）に、複数の国が並びたっていたインドのほぼ全体をはじめて統一したマウリヤ朝です。**

　しかし、この統一は長く続かず、マウリヤ朝は紀元前100年代には滅亡しました。なお、仏教の開祖である**ブッダ**（シャカ、本名ガウタマ・シッダールタ、前566頃〜前486頃・諸説あり）は、マウリヤ朝が繁栄した時代よりも200〜300年前のインドで活躍した人物です。

　マウリヤ朝以降のインドは、ムガル帝国という政権が最も繁栄した1700年頃や現代などをのぞき、基本的に複数の国が併存する「分裂」状態が続きました。

　しかし分裂が続いたとしても、「インド」というひとつの文化的まとまりは維持されました。その文化のおもな要素には、カーストといわれる複雑な身分制度や、今もインド人の多くが信仰する多神教のヒンドゥー教などがあります。

　カーストもヒンドゥー教も紀元前の古い時代（3000年余り前〜2000年前頃）に起源があり、変化しながら続いてきたものです。「分裂していて、中小の国の集まり」であったために、その後の歴史のなかで、インドには「世界の繁栄の中心」といえるような超大

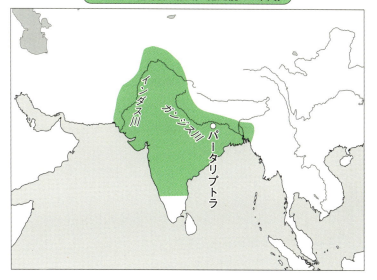

マウリヤ朝（最大領域、紀元前200年代）

国、つまり世界史におけるスター的存在は、あらわれませんでした。

西暦100年代のユーラシア

ここで、ローマ帝国の最盛期だった西暦100年代（1900〜1800年前）のユーラシアをみてみましょう（68ページ）。この時代には、ユーラシア以外に大きな国はなかったので、この地図は当時の「世界の主要部」を示しています。

西から順に**ローマ帝国**、**パルティア**（今のイランにあたる）、中央アジアからインド北西部を支配した**クシャナ朝**、それから中国の**後漢**……。

当時の後漢は、ローマ帝国に匹敵する大国でした。この時代以降の中国は、長いあいだローマ帝国やイスラム、西ヨーロッパに対す

る「もうひとつの繁栄の中心」または「中心に準ずる大国」であり続けました。

紀元前3000年（5000年前）頃には、本格的な文明が栄えていた範囲はかぎられていました。メソポタミアとエジプトだけです。しかし、その後3000年ほど経った西暦100年頃には、ユーラシアの西の端から東の端まで、大きな文明国が連なる状態になったわけです。

ただしこの頃は、現代の世界では重要な地域である日本、東南アジア、ヨーロッパの北部や東部は、まだこの主要な文明国の圏内には入っていません。ユーラシア以外の、アメリカなどの新大陸も、ほぼそうです。

当時の日本は弥生時代でした。これらの地域の本格的な「文明化」は、このあとの歴史になります。

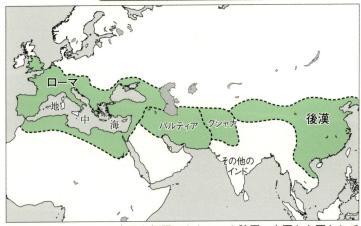

パルティアは、ローマ帝国も征服できなかった強国。中国とも国としての交渉をもった。クシャナ朝は、中国・パルティア・インドを結ぶ貿易の重要な中継地として栄えた

📎「ギリシアとローマ」まとめ

```
西アジアの文明、ギリシアに伝わる
   本格的文明が栄える　前2000年〜
ポリスの形成　前700年代
```
↓

 前500年代〜

ギリシアのポリスが繁栄
　哲学・科学が開花　民主政の発達
　ペルシア戦争に勝利

↓

 前300年代

アレクサンドロスの帝国
　ギリシアが西アジアを征服

紀元前1世紀までヘレニズムの時代

前200年代〜	前200年代
ローマの勢力拡大	マウリヤ朝、インド統一 秦・漢の中国統一

↓

 1世紀〜

ローマ帝国の繁栄
　ギリシア文化の影響　キリスト教の成立・普及
　道路・水道などのインフラ建設

↓

　　　〜200年頃
　　　後漢が繁栄

 400年代後半

西ローマ帝国崩壊
　ゲルマン人の侵入や内乱　繁栄の中心、東ローマへ

世界史の通史③

イスラムの繁栄

500年〜1500年

🔵 イスラムの台頭

　西暦400年代にローマ帝国の西側＝西ローマ帝国が崩壊して、「繁栄の中心」は、帝国の東側＝東ローマ帝国に移りました（63ページ）。「生き残った帝国」東ローマ——西暦500〜600年代には、ここが当時の世界で最も繁栄した大国であったのですが、ローマ帝国の最盛期にくらべれば、政治も文化もふるいませんでした。ただし、東ローマ帝国は、衰退しながらも1400年代まで続きます。

　やがて、繁栄の中心はローマ帝国の外に移っていきました。東どなりの、メソポタミアとその周辺の西アジアです。

　600年代には、西アジアのアラビア半島で、アラブ人のムハンマド（570頃〜632）によってイスラム教が創始され、急速に力を持つようになりました。「イスラム（イスラーム）」とは「神への絶対的服従」を意味する言葉で、イスラム教は一神教の一種です。

　神のことは「アッラー」といいます。また、イスラムの最も根本的な聖典は「コーラン（クルアーン）」といいます。アラビア半島では400年代頃から、一神教のキリスト教やユダヤ教が浸透しており、ムハンマドはその影響を受けたのでした。

　イスラム教の特徴に「個人の内面や生活習慣だけでなく、政治・社会のあり方についても踏み込んで規定する」ということがありま

す。そこでイスラム教徒（ムスリムという）たちは、単なる「教団」ではなく、政治的・社会的にまとまった独自の新しい「国」をつくりました。

この国は、当初はアラビア半島の一都市からはじまりましたが、ムハンマドが亡くなる頃（632没）までにはアラビア半島全体を支配しました。それは「アラビア半島が根拠地であるアラブ人全体をまとめる国ができた」ということでもありました。

その後、この「イスラム教徒の国」は、近隣の大国である**ササン朝ペルシア**（パルティアを受け継いだ国で、今のイランにあたる）を征服し、さらに東ローマ帝国からシリアやエジプトを奪うなどして急速に拡大しました。

800年頃のイスラム帝国

アッバース朝のほか、北アフリカ、イベリア半島（スペイン）のいくつかの王朝を含む
バグダード：当時のイスラム帝国の都で700年代に建設された
カイロ：1100年頃からイスラム圏の中心となった都市（この地図の800年頃は未発展）

こうして700年頃までには「イスラム帝国」といわれる、かつてのローマ帝国にも匹敵する超大国が生まれました。ここから、世界の繁栄の中心は「イスラム」になります。

　イスラムに征服された人びとの多くは、イスラム教徒になりました。イスラム教にも、キリスト教と同じように、特定の民族を超えたさまざまな人びとに対して開かれた面がありました。また、イスラム勢力の中心であった**アラブ人**は、征服した各地に移り住んでいきました。

🎯 ウマイヤ朝とアッバース朝

　イスラム教徒たちは、ムハンマドの死後30年ほどのあいだは、「**カリフ**」（後継者の意味）と呼ばれる指導者を、有力者たちの選挙で決めていました。

　しかし征服・拡大を通じさまざまな対立が生じて、深刻な権力争いが起こりました。そして、その争いに勝利して指導者＝カリフとなった者が、以後その地位を一族の者に受け継がせるという「世襲化」を行いました。これは、**カリフがほかの国でいう「皇帝」にあたる存在になった、**ということです。

　皇帝や国王が支配する政権を「王朝（○○朝）」といいますが、カリフを継承した初期のイスラム帝国は**ウマイヤ朝**という政権でした。しかし、ウマイヤ朝はそれほど長続きせず、700年代半ばには別の家系の**アッバース朝**がとってかわります。

　ウマイヤ朝のイスラム帝国は、征服者であるアラブ人がさまざまな特権を持つ「アラブ人の帝国」でした。そのため、ペルシア人（サ サン朝の中心的民族、今のイラン人につながる）などのアラブ人以外の人びとには不満がありました。その不満などから起こった反乱

の結果、アッバース朝が成立したのです。

アッバース朝はアラブ人主導の政権ですが、成立にあたり他の民族の協力を得ています。その政治のもとでアラブ人の特権は弱まり、さまざまな民族のあいだの平等化がすすんだのでした。

また、ウマイヤ朝時代にはイスラム教のなかで「スンナ（スンニー）派」と「シーア派」という2大宗派の基礎ができました。

スンナ派は多数派で、選挙による初期のカリフからウマイヤ朝へと引き継がれたカリフの正統性を認めますが、少数派のシーア派はこれを否定します。

シーア派では、ウマイヤ朝とは異なるムハンマドの家系の人物（初期のカリフの1人、アリーのこと）とその子孫こそが正統なカリフである、と主張するのです。教義の根本の点では両者は大きくはちがいません。

シーア派はペルシアを中心に広がっていきました。つまり、この2大宗派の成立には、「アラブ人とペルシア人の対立」ということもかかわっているのです。

現在、イスラム教徒の1～2割がシーア派で、残りの大部分がスンナ派です。今のイランは、ほかのイスラム諸国とあまりよい関係ではないのですが、それにはこうした宗派のちがいも影響しています。

ギリシア・ローマの文明に学ぶ

イスラムの人びとは、多くのことをギリシアやローマの文明に学びました。イスラムの人びとがそれを学んだのは、西側のとなりの東ローマ帝国の人びとからでした。東ローマ帝国とイスラムのあい

だには、争いもありましたが、貿易や文化的な交流もさかんだったためです。

たとえば、**イスラムでさかんだった学問・科学の研究は、ギリシアの学問を引き継いだもの**です。イスラム帝国が征服した旧東ローマ帝国領（エジプトなど）には、ギリシア・ローマの書物が多く残っていました。800年頃から、イスラムの人びとは、それらの書物を自分たちの言葉であるアラビア語にさかんに翻訳しはじめました。そして、翻訳するだけでなく、やがて独自の研究へと進んでいったのです。

アラビア語は、イスラム帝国を築いた中心勢力であるアラブ人の言葉です。イスラムの聖典である「コーラン」もアラビア語で書かれています。そこでアラビア語は、さまざまな民族が暮らすイスラムの国ぐにのなかで共通語になっていました。

ただし、科学の研究がさかんだったといっても、イスラムの科学が、かつてのギリシアやローマのレベルを大きく超えて、それらをすっかり過去のものにしてしまったというのではありません。

たとえば西暦1000年頃、イスラムの科学者たちは、彼らからみて千数百年前のギリシアの哲学者で科学者でもあるアリストテレスの著作を、「偉大な権威」として、教科書のように扱いました。これは、近代科学の急速な発展ぶりとは、大きくちがいます。

🟢 イスラムの国ぐにの遺産

繁栄するイスラムの国ぐにで生まれた文化や技術は、のちにヨーロッパに大きな影響をあたえました。さらにそこから世界全体にも影響をあたえたのです。

たとえば、今の私たちは、ふだんの生活でいろいろなアラビア語

を口にしています。つぎの言葉はすべてアラビア語に由来し、イスラムの国ぐにになんらかのルーツがあるものです。

コーヒー、シュガー、ジャケット、シロップ、ソファー、オレンジ、アルカリ、アルコール、ソーダ、ギプス、ガーゼ……衣食住から化学・医療にかんするものまでいろいろあります。

それから、現在世界中で使われている0、1、2、3…10の数字を「アラビア数字」といいます。この数字と十進法に基づく表記は、漢数字やローマ数字などとくらべると、はるかに計算に便利です。

アラビア数字は、イスラムの国ぐにからヨーロッパに伝わりました。ただし、この数字や表記法の原型はインドで生まれたものです。イスラムの人びとはインドの数字に学んで、それをさかんに用いたのでした。

この時期（700〜1500年頃）のイスラムの国ぐには、じつに多くのものを生み出したのです。「繁栄の中心」というのは、そういうものです。

▶ 帝国の分裂・「イスラム」のなかでの繁栄の移動

西暦800年代から、イスラム帝国はいくつかに分裂していきます。アッバース朝から独立する動きが、複数の地で起こったのです。イスラム帝国は、さまざまな国や民族を強引にひとつにまとめたところがあったので、無理もないことでした。

分裂後は、それぞれの国がイスラムの信仰を保持したまま、繁栄を続けました。そして、イスラムの国ぐにのなかで、「中心」が移動していったのです。

アッバース朝の前半の頃は、繁栄の中心はメソポタミア（今のイ

ラク)やその周辺でした。そこには700年代後半に建設されたバグダードという中心都市(71ページ図を参照)がありました。アッバース朝が栄えた時期のバグダードの人口は、一説では70万人ほどと推定されています。

　しかしその後、1100年頃からは、エジプトの都市・カイロがより栄えるようになりました。またカイロの西の、北アフリカやスペイン(スペインは700年代以降イスラムに征服されていた)でも、大都市が栄えました。

　一方、東のほうに目を向けると、西暦900年代以降には中央アジア(ユーラシア中央の内陸部)のイスラム化がすすみ、1200年頃にはインド北部にもイスラムの政権が成立しました。さらに1400年頃以降は東南アジアでも、イスラム教が本格的に普及するようになりました。

　イスラム教徒が主流の地域＝イスラム圏は、東西の広い範囲に拡大していったのです。**イスラム圏のなかでは、いくつもの国が並びたっていましたが、国を越えた人びとの交流や行き来が当時としてはたいへんさかんに行われました。**

　その一方、アッバース朝の勢力は縮小していきました。900年代半ばには、ペルシア人によるシーア派の政権がバグダードを占領し、その主であるカリフの実権を奪うということも起こりました。アッバース朝はその後も1200年代まで続きましたが、実質的な権力を持たない、名目的な存在になってしまいました。

中国の繁栄

　また、イスラムの絶頂期に、それと並んでおおいに繁栄した国・

地域として、中国があります。

中国では秦・漢以降、さまざまな王朝が栄えたり滅んだりしました。そのなかで代表的なのが、**唐**（最盛期700年頃）、**宋**（同1000年頃）、**元**（同1300年頃）、**明**（同1400年頃）といった王朝です。**イスラムが繁栄した時代は、これらの中国の王朝の絶頂期でもありました。**

「絶頂期」の中国は、高い文化や技術を持っていました。それを示すのが、いくつかの重要な発明です。

実用的な火薬は、西暦800年代に唐の時代の中国で発明されました。方位を示す羅針盤を航海に使うようになったのも、中国が最初でした。800年代から1000年代のことです。粘土を固めてつくった最初の活字による印刷は、西暦1000年代の宋で発明されました。

これらの発明のうち、火薬と羅針盤はその後ヨーロッパに伝わりました。活字印刷については、中国での発明より400年ほど後の1400年代半ばに、ドイツのグーテンベルクが金属活字による印刷をはじめました。

ヨーロッパ人は、これらの発明を急速に発展させていきました。火薬を用いた鉄砲や大砲などの武器や、羅針盤を使った航海術や、数多くの出版物は、1400〜1500年代以降のヨーロッパを、ひいては世界を大きく変えました。しかし、それらの発明が最初に生み出されたのは、中国でのことだったのです。

また、宋の時代の西暦1000年頃の中国では、世界で最初の紙幣（お札）も使われるようになりました。これは商人が取引で使う手

形（お金の支払を約束した証書）が発展して生まれたものです。最初は民間の商人たちの手で発行されましたが、のちに公営化されました。

なお、ヨーロッパで政府の認める紙幣が発行されるようになったのは、1600年代後半からです。つまり、当時の世界のなかでとくに進んだ経済や社会が、宋の時代の中国にはあったのです。

騎馬遊牧民の活躍とモンゴル帝国

中国の王朝のなかには、外からやってきた「**騎馬遊牧民**」が築いたものもありました。1200年代に成立した、モンゴル人による元王朝はその代表です。

騎馬遊牧民とは、「草原地帯に住んで馬を乗りこなし、遊牧（羊などの家畜を移動しながら育てること）によって暮らす人びと」の総称です。「遊牧民」に対するのは「農耕民（または定住民）」です。

騎馬遊牧民の根拠地は、アジア北部からヨーロッパ東部にかけての内陸部に広がる草原地帯です。その広大な範囲を舞台に、世界史上でさまざまな騎馬遊牧民が活動しました。

騎馬遊牧民が最初にあらわれたのは、紀元前1000年（3000年前）頃の、ウクライナの草原地帯でのことでした。騎馬は一見原始的にみえますが、じつは本格的に行うには高度な道具が必要な技術です。安定して馬に乗るための「あぶみ」「くつわ」などの馬具は、精密さや耐久性が求められますし、部品の要所に金属も使います。

そこで、青銅器や鉄器が辺境の草原地帯にも普及するほどに技術が成熟しないと、騎馬遊牧民は成立しません。そのようなタイミングが紀元前1000年頃だった、ということです。

これに対し、馬車の発明は四千数百年前の西アジアでのことです。

騎馬のほうが馬車よりもスピードが出て、デコボコ道も行ける、より進んだ技術なのです。

騎馬遊牧民が武装して集まると、機動性にすぐれた強力な軍事力になりました。その軍事力はしばしば農耕民をおびやかしました。イスラムの国ぐにや中国の王朝が繁栄した時代にはとくに優勢になり、騎馬遊牧民が中国の王朝やイスラムの有力な国を征服してしまうこともあったのです。

そのような**騎馬遊牧民の活躍のピークは、1200年代にモンゴル人（モンゴル系諸部族）が築いた大帝国**でした。このときのモンゴル人は、**チンギス・ハン**（テムジン、1167？〜1227）やその後継者に率いられ、アジアからヨーロッパにかけての広い範囲を征服しました。中央アジア、西アジアのイスラムの王朝、ロシア、中国、朝鮮……そして、1200年代半ばまでには、空前の規模の「モンゴル帝国」を築いたのです。

モンゴル帝国の最大領域

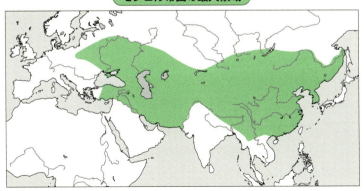

領土は3300万平方キロ、地球の陸地の2割ほどに及ぶ

日本にも1200年代後半の鎌倉時代に、元（モンゴル人が支配する中国の王朝）の軍が攻めてきた（「元寇」と呼ばれます）のですが、どうにか食い止めました。1200年代にはポーランド西部やシリアまでモンゴル軍は攻めてきましたが、それ以上西に進むことはありませんでした。

　1200年代のうちにこの帝国は中国の元などの4つに分かれ、1400年頃までにはモンゴル人によるそれらの王朝の多くは滅びてしまいました。

　大帝国を築いたにもかかわらず、モンゴル人は征服した国ぐにの文化に積極的な影響をあまりあたえませんでした。むしろ、農耕民を支配することで強い影響を受けたのはモンゴル人のほうでした。**中国を支配したモンゴル人が中国風になったり、イスラムの国を支配したモンゴル人がイスラム教徒になったりした**のです。

　これは、モンゴル人にかぎらず、多くの騎馬遊牧民に共通しています。騎馬遊牧民には牧畜以外の産業はほとんどありません。道具や武器もすべては自給できず、いろいろなものを農耕民から買うか奪うかしないといけません。これでは、農耕民と深く接触すると、文化的には影響をあたえるよりも、影響を受けてしまいます。

　ただし、騎馬遊牧民は文化や技術の伝達にかんしては大きな役割を果たしました。

　たとえば中国で発明された火薬や火器（火薬を使った武器）も、1200年代のモンゴル人の活動が影響してユーラシアの各地に伝わったと考えられます。

　モンゴル人自身による発明はほとんどありませんでしたが、モン

ゴル人を技術や知識で補佐した中国人やイスラムの人びとが広い範囲を旅したことで、さまざまな技術が伝わったのでした。

◎ トルコ人の活躍

モンゴル人以外でとくに重要な騎馬遊牧民に、トルコ人（テュルク系民族ともいう）がいます。 トルコ人は中央アジア、東ヨーロッパ、シベリアなど、広い範囲で活動しました。そして、中央アジアに国をつくったトルコ人の一派は、イスラムと接して900年代にイスラム化しました。また、イスラム化したほかの一派はイスラムの中心地である西アジアに進出し、西暦1000年代には、**セルジューク朝トルコ**という政権が西アジアの広い範囲を支配しました。しかし、1100年代には衰退してしまいました。

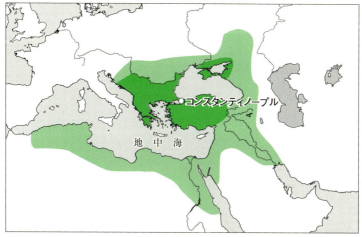

オスマン帝国（1600年頃）

■ は1500年頃の領域
コンスタンティノープルは、現在のイスタンブール

その後1300年代には、セルジューク朝の影響下にあったアナトリア（今のトルコ共和国）で、**オスマン朝**というトルコ系の政権が台頭しました。

オスマン朝は、1400年代には東ローマ帝国を滅ぼし、1500年代にはエジプトのイスラム王朝を征服するなどして、勢力を拡大しました。そして、**初期のイスラム帝国にも匹敵する超大国＝オスマン帝国**となったのです。

また、トルコ人と同じく勢力を拡大した「騎馬」の民族に満州族（または女真族）がいます。**満州族は、狩猟中心のくらしで馬を乗りこなした人びとですが、1600年代に中国全土とモンゴルなどの周辺地域を支配するようになりました。**中国史の最後の王朝である**清王朝**です。

しかし、騎馬による軍事力が強大であった時代は、ここまでです。それ以降は近代的な兵器を生み出したヨーロッパ人が「最強」になっていったのでした。

◉ その他の地域での「文明」の広がり

前にみたように、ローマ帝国や漢（後漢）が繁栄していた西暦100年代の時点では、日本、東南アジア、ヨーロッパ北部と東部、南北アメリカといった場所は、まだ本格的には文明は栄えていませんでした。しかし、それ以降数百年のあいだに、これらの周辺的な地域でも「文明化」がすすんでいきます。

（朝鮮）

朝鮮半島では、紀元前200年頃に中国人の一派が移り住んで政権

をつくったことで、本格的な国家の形成がはじまりました。

その後、漢などの中国人勢力が支配する時代が続きましたが、西暦300年頃にその支配を脱し、独立の国づくりがすすみます。

そして、複数の国が並び立つ時代を経て、600年代には**新羅**（しんら）という王国によって半島が統一されました。その後は**高麗**（こうらい）（900年代〜）→**李氏朝鮮**（りし）（1300年代末〜）と受け継がれていきます。

なお、高麗はその末期（1200年代半ば〜1300年代半ば）には、モンゴルの支配を受けました。李氏朝鮮は、1900年代初頭に朝鮮（現在の韓国と北朝鮮）が日本の植民地となるまで続きました。

(日本)

西暦300年代（古墳時代）から600年代（飛鳥時代）にかけて、**ヤマト政権**（大和朝廷）による統一・建国がなされ、今に続く日本の基礎ができました。その過程では、中国や朝鮮半島の人びとの影響を受けています。

その後、1000年頃（平安時代）には漢字をもとにした独自の文字「かな文字」が広く用いられるようになるなど、日本的な文化が発展していきました。

また、1100年代にはそれまでの大和朝廷の主流とは異なる「武士」による政権も成立しました。武士とは、自ら武装した領主たちで、もともとは軍事で朝廷に仕える立場だった人びとです。その後は武士の政権が、江戸時代（1603〜1868）の終わりまで700年ほど続きます。

このほかの地域（東南アジア、ヨーロッパ北部と東部、アメリカ大陸）でも、ごくおおまかに紀元前後（2000年前頃）から西暦1000

年頃にかけて、本格的な国づくりがはじまりました。

(東南アジア)

西暦100年頃、今のカンボジアとベトナム南部にあたる地域で、インドや中国の影響を受け、東南アジアで最も初期の王国である**扶南**(ふなん)が成立しました。100年代末にはベトナム中部に**チャンパ**という国もできました。

そして400年頃からは、とくにインドの影響が強くなるなかで、文化が発展していきました。800～1300年代には、カンボジアの王国が繁栄し、1100年代には有名なアンコール・ワット寺院が建設されています。

一方、600～700年代には**スマトラ島**や**ジャワ島**(今のインドネシア)を中心とする王国も形成されました。

また、ベトナムは前漢の時代以来、1000年以上中国の支配を受けましたが、900年代にそれを脱して、独立の王国となりました。

ミャンマー(ビルマ)では1000年代に、タイでは1200年代に、今につながる王国が成立しました。

(東ヨーロッパ、ロシア)

東ヨーロッパやロシアでは、西暦700年頃東ローマ帝国領だった地域に**ブルガリア王国**が建国され、800年代末にはその北方で、ロシアやその周辺諸国のもとになった**キエフ・ルーシ**(キエフ大公国)という王国が成立しました。これらの国の文化は、キリスト教をはじめとして、おもに東ローマ帝国の影響を受けています。

その後キエフ・ルーシは、1200年代にモンゴル人に征服されてしまいました。1400年代までロシアはモンゴルの支配下におかれます。

しかしロシアでは、モンゴルに従属する地方政権だった**モスクワ大公国**が力をつけ、1400年代後半にモンゴル勢力を破るなどして独立を回復しました。1500年代には、シベリアの大部分を除く今のロシアの基礎となる範囲をモスクワ大公国が支配するようになったのでした。

そして、1600年代にはそれを引き継ぐロマノフ朝という政権が成立しました。**ロマノフ朝**のもとでロシアは東のシベリアにもさらに大きく広がっていきました。

ロシアの西側では、800年代にポーランドで、900年頃にはハンガリーで、初期の王国が成立しました。これらの国は、西ローマ帝国だった地域（西ヨーロッパ）からの影響を多く受けました。

(アメリカ大陸)

中米大陸（メキシコとその周辺）で、古典的な文明を築いた**マヤ文明**がとくに栄えたのは西暦300年代から800年代にかけてです。

その後1300年代には、マヤに近い北部の地域（同じくメキシコ）で、マヤに影響を受けた**アステカ王国**が栄えるようになり、1500年代にスペイン人に滅ぼされるまで続きました。

また南米のアンデス高地（今のペルーとその周辺）では、1300年代から**インカ文明**が繁栄しましたが、やはり1500年代にスペイン人によって征服されてしまいました。

マヤ文明などのアメリカ大陸の文明と、西アジア、インド、中国などのユーラシアの文明との関係は、はっきりしません。アメリカ大陸の文明がまったく独自のものなのか、ユーラシアからの影響で

生まれたのかは、わかっていないのです。

少なくとも、1500年頃にヨーロッパ人がアメリカ大陸にはじめてやってきたとき、2つの大陸（ユーラシアとアメリカ）の住民は、お互いのことを知りませんでした。なお、これらのアメリカの文明には、金・銀、および青銅器（南米のみ）はありましたが鉄器はなく、車輪や馬も使われませんでした。

それだけユーラシアの文明とは異質だったのです。

以上、いろいろな国がでてきましたが、要するに**紀元前後から1000年ほどのあいだに、世界における文明の分布は一層広がり、世界はさらに多様になった**ということです。

その広がりは、基本的には「古くからの文明国から、その周辺へ」というものでした。たとえば中国と日本の関係や、東ローマ帝国とロシアの関係は、そうです。その結果、西暦1000年頃までには、文明国の周辺でも、今の世界の主要国のもとになる国がだいたい出そろった、といえるでしょう。

📎「イスラムの繁栄」まとめ

500年代
東ローマ帝国
繁栄の中心であるが、最盛期のローマに及ばず

600年代
イスラム教創始・勢力拡大

700年〜
イスラム帝国の繁栄
ウマイヤ朝→アッバース朝
ギリシア・ローマの学問に学んだ科学研究

800年〜 **イスラム帝国、分裂**
それぞれの国はイスラム教を
保持して繁栄

中国の王朝の絶頂期

唐
（700年頃最盛）

宋
（1000年頃最盛）

800〜1400年代
イスラム圏 東西に拡大
中心都市は
バグダードからカイロへ

1200
〜1300年代

モンゴル帝国
ユーラシアの
広い範囲を征服
……**元**
（1300年頃最盛）

明
（1400年頃最盛）

1500〜1600年代
オスマン帝国繁栄
かつてのイスラム帝国にも匹敵

清
（1600年代成立）

世界史の通史④

ヨーロッパの台頭

1500年〜1700年

🔘 西と東のヨーロッパ

　西暦700年頃にイスラム帝国の繁栄がはじまって以降、「イスラムの時代」は、数百年は続きました。しかしその後、イスラムの国ぐにの周辺に、その影響を受けて新たに台頭する地域もでてきました。それは、イタリア、スペインといった西ヨーロッパの国ぐにです。

　「西ヨーロッパ」とは、ヨーロッパの西部で、イタリア、スペインのほか、フランス、ドイツ、オランダ、イギリスなどを含む地域です。ほぼ「西ローマ帝国の領域だった範囲」といえます。

　西ヨーロッパでは、400年代の西ローマ帝国の崩壊後、さまざまな王国が興亡する不安定な状態が続きました。もとは同じ国だった東ローマ帝国との交流も減り、独自の道を歩むようになりました。

　たとえば**キリスト教については、西ヨーロッパではローマ教皇をトップとする「カトリック」（「普遍的」を意味する）という宗派が成立し、東ローマ帝国ではこれとは別の「東方正教」といわれる宗派が成立**しました。

　カトリックと**東方正教**は、キリスト教を代表する2大宗派です。この2つの宗派への分裂は、1000年代に決定的になりました。

　カトリックにはローマ教皇というトップがいて、各地の教会は教皇を絶対の権威と仰ぎます。これに対し東方正教にもコンスタンティノープル総主教というトップが存在するのですが、東方正教の教

東方正教、カトリック、プロテスタントの分布

『ヨーロッパ文化地域の形成と構造』二宮書店、2005より作成

会は、カトリックにくらべ地域や国ごとの独立性が強いです。

また、**「プロテスタント」**(「抗議する者」を意味する)という宗派も現在は有力です。これはおもに1500年代に、当時のカトリックのあり方に抗議して分離・独立した人びとがつくったもので、いくつかの系統があります。

ヨーロッパとは、キリスト教の信者が多数を占める地域(アメリカ大陸を除く)のことです。そしてヨーロッパはおおまかに、カトリックとプロテスタントが主流の西ヨーロッパと、東方正教が主流の東ヨーロッパに二分されます。

スペイン・イタリアという新興勢力

西暦800年頃には、**フランク王国**という、強大化したゲルマン人

の一派がつくった王国が、西ヨーロッパの大半を支配するようになりました。しかし、800年代半ばには分裂してしまいます。そして、その結果、1000年頃までには現在のドイツ、フランス、イタリアのもとになる王国・領域が生まれたのでした。

また、ほぼ同じ頃にフランク王国に支配されていなかったイギリスでも、現在のイギリスの基礎となる王国が成立しました。これらの国ぐにでは、長いあいだふるわなかった経済や文化が、活気を取り戻していきました。

そして、1400〜1500年代になると、西ヨーロッパのなかから「世界の最先端」といえる勢力があらわれました。それが、**イタリアとスペイン**でした。**2つの国は、地理的にイスラムと近い関係にあります。つまり、イスラムの「となり」にあるのです。**

まずイタリアは、西ヨーロッパのなかでは、エジプトなどのイスラムの主要部に最も近いです。また、イタリア半島は長靴のような形をしているのですが、その長靴の先端は、イスラムの国がある北アフリカ（現在のチュニジア、アルジェリアなど）に対して目と鼻の先です。シチリア島（イタリア半島の長靴の先にある島）は、800〜1000年代にはイスラムの支配を受けました。

そしてイタリア半島は、東ローマ帝国とも近いです。もともとローマ帝国の中心だった場所なので、それも当然です。西ローマ帝国が滅びたあとも、イタリア南部は、その一部か全体が西暦1000年代まで東ローマ帝国の領域でした。

西ローマ帝国の崩壊後、イタリアではいろいろな混乱がありました。しかし、西暦1100年頃から、**ヴェネツィア、フィレンツェ**などの、都市を中心とするいくつかの国ぐに（ほぼ独立の都市共和国）

が栄えるようになり、そのもとで安定してきました。そしてそれらの都市は、イスラムや東ローマ帝国との貿易や、織物生産等の手工業などで、おおいに繁栄しました。

一方、スペインとポルトガルがあるイベリア半島の大部分は、西暦700年代からイスラムの勢力に支配されていました（71ページ）。しかし、キリスト教徒であるスペイン人・ポルトガル人は、数百年にわたってイスラムから領土を取り戻す戦いを続けて、1400年代末にはイスラム勢力をイベリア半島から追い出しました。

「神聖ローマ帝国」はのちのドイツ。当時は多くの国に分かれていたが、最も強大な領主である「皇帝」のもとで、ある程度は統一されていた

イスラムから学ぶ

　イタリアもスペインも、このように「となり」であったイスラムの人びとと、さまざまな交流があった地域です。貿易などの平和的な交流だけでなく、戦争もありましたが、とにかくイスラムからいろいろ吸収して、発展していったのです。

　たとえば**西暦1100年頃から、イタリアやスペインでは、イスラムの国のアラビア語文献やギリシア・ローマの書物を翻訳することがさかんになりました。**イスラムの国ぐにの学問や、そのもとになっているギリシアやローマの遺産を吸収しはじめたのです。

　やがて、既存の書物を翻訳して読むだけでなく、独自の研究も行われるようになりました。そのような研究は、とくにイタリアで発展し、のちの1600年頃には**ガリレオ・ガリレイ**（1564〜1642）の「落下運動の法則」や「地動説」のような、近代科学の出発点になる仕事が生まれました。

　このほか、イタリア人とスペイン人は、多くのものをイスラムから取り入れました。前にアルコール、コーヒー、アルカリなど、「アラビア語に由来するいろいろなもの」があると述べました（75ページ）が、これらを本格的に知った最初のヨーロッパ人は、スペイン人とイタリア人だったのです。

　たとえば、アラビア数字は、900年代にスペインからヨーロッパに伝わりました。また、イスラムの国で広まったコーヒーが1600年代にヨーロッパの各地に普及する際に、ヴェネツィアの商人は大きな役割を果たしました。

▶ ルネサンス、大航海時代

　イスラム（ギリシア・ローマの遺産を含む）からの影響を出発点にして、イタリアやスペインの文化は大きく発展しました。それを当時のヨーロッパ人は、「かつてのギリシア・ローマの文化を復活させたものだ」と捉えました。**この新たな動きは「復活・再生」を意味する「ルネサンス」という名称で呼ばれます。**

　イタリアでは1300年代から1500年代がルネサンスの時代とされます。その最盛期には**レオナルド・ダ・ヴィンチ**（1452〜1519）や**ミケランジェロ**（1475〜1564）などが活躍し、ヨーロッパ美術史のなかでもとくに著名な作品を残しました。

　そして、この「復活」は、たんなる過去の再現ではありませんでした。数々の新しいことが起こったのです。

　たとえば、1400年代末にスペインの船が、大西洋を横断してアメリカ大陸の近くに到達するということがありました。**コロンブス**（1451？〜1506）の航海です。コロンブスはイタリア人ですが、スペイン王の支援を受けました。このような航海は、イスラムの国にも、かつてのローマ帝国でもできなかったことです。つまり、世界史の先端を行く新しいことを成しとげたのです。

　コロンブス以後、多くのスペイン船が、アメリカ大陸と行き来するようになりました。そして、1500年代前半のうちに、スペインは、インカやアステカなどのアメリカ大陸の先住民の国ぐにや集落を武力で征服し、支配するようになりました。

　そのような海外の支配地を「植民地」といいます。大洋を越えて支配地を広げる国があらわれたのは、この時代がはじめてです。

なお、同じイベリア半島のポルトガルも、スペインと競ってアメリカ大陸に進出しましたが、比較的小さな国なので、その影響はスペインよりは限られました。

　また1500年代には、スペインやポルトガルはアジアにも進出し、戦国時代の日本にもやってきました。1600年頃からは、イギリス、オランダ、フランスも、海外進出で後から追いあげてきました。

　こうして、**1400年代から1600年代にかけて、スペインやポルトガルを皮切りに、西ヨーロッパの船が世界各地を航海するようになりました。**そして、ヨーロッパ人にとっては未知の「新世界」を、つ

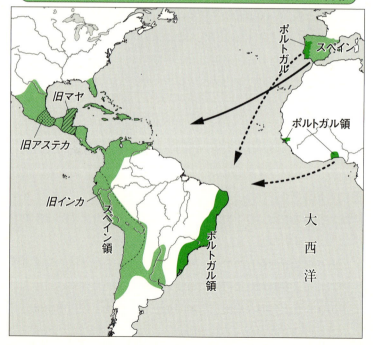

アメリカ大陸におけるスペインとポルトガルの植民地（1500年代）

ぎつぎと「発見」していったのです。

この時代については**「大航海時代」**という呼び方があります。**大航海時代は、西ヨーロッパの台頭のはじまりです。**

🔵 イスラムからヨーロッパへの過渡期

1500年代以降、世界各地に進出するスペイン。商工業や新しい文化が花ひらき、繁栄するイタリア。ただ、**「最先端」で勢いがあったとはいえ、スペインとイタリアがイスラムをしのぐ勢力になったわけではありません。**

1500〜1600年代には、西アジアなどのイスラム圏では、オスマン帝国という大国が栄えていました。さらにアジアの東の地域では、中国の明王朝（1600年代後半からは清王朝）が繁栄していました。人口や領土の大きさなどの国のスケールでは、スペインもイタリアもオスマン帝国や明・清にはおよびません。

当時（1500年代）のスペインは、多くの植民地を得ました。しかしそれは、自分たちにとっては遠く離れた辺境の各地に、軍事・行政や通商の拠点をぽつぽつと築いた、という状態です。植民地を本国のような密度で支配していたのとは、異なります。本国の規模だけをくらべると、スペインは人口も面積も、オスマン帝国や明よりもはるかに小さかったのです。

ただし、トータルな国力はともかく、1500〜1600年代のヨーロッパの科学・技術・軍事力は、すでに世界の最先端になっていました。たとえば、多くの鉄砲や大砲を使った戦争は、この時期のヨーロッパではじめて行われるようになりました。その技術の一部は、戦国時代の日本にも伝わりました。鉄砲の伝来（1540年代）などは、そうです。

しかし、ヨーロッパの軍事力はまだ圧倒的とはいえません。当時のヨーロッパの大国のひとつであったオーストリアは、隣接していたオスマン帝国と戦争をくりかえしています。そして、一時はその首都ウィーンがオスマン帝国の軍勢に包囲される（ウィーン包囲）など、劣勢だったこともありました。1520年代と1680年代の2回ほど、そうしたことが起こっています。

　また、1500年代前半には、オスマン帝国は他国を圧倒する海軍を持っていて、地中海の交通に大きな影響をあたえることができました。このように、スペインやイタリアが台頭してきた時点では「西ヨーロッパが世界の繁栄の中心」になったとはいいきれません。

　それでも、世界の繁栄の中心は、しだいにイスラムからヨーロッパへ移っていきました。たとえば、1570年代には、スペインとヴェネツィアなどの連合艦隊が、オスマン帝国艦隊との大きな海戦で勝利しました（レパントの海戦）。これ以後、地中海でのオスマン帝国の力は徐々に衰えていきました。

　また、1680年代のウィーン包囲では、結局はオスマン帝国は大敗しています。**スペインやイタリアが台頭した1500年頃から1700年頃までは、「イスラムからヨーロッパへ」の過渡期**なのです。

🟢 オランダの繁栄

　そして、この「過渡期」の時代にも、**西ヨーロッパのなかでの中心の移動がありました。**それは、「となり・となり」の移動といえるものでした。イタリアやスペインの進んだ文化は、周辺の諸国（フランス、ドイツなど）にも伝わりました。そして、北部のベルギーの港町アントワープ（アントウェルペン）が、ヨーロッパ最大級の

貿易港として栄えるなど、繁栄が北へ広がり、シフトしていきました。

　その後、**1600年頃からアムステルダムを中心とするオランダの繁栄がはじまりました。**オランダは、ベルギーのすぐとなりです。ベルギーとともにスペインの支配を受けた地域でもあります。つまり、スペインとは「関係が深い」という意味で、「となり」の国なのです。オランダは独立戦争を経て、1580年代にスペインの支配から脱しました。その後、急速に台頭していったのでした。

　オランダは、ヨーロッパのなかでは大きな国ではありません。人口は、イギリスやフランスなどの数分の1あるいは10分の1ほどです。しかし、小粒な国であっても、織物の生産、造船、海運・貿易

オランダとその周辺（1600年代）

■ スペイン領
オランダに隣接するスペイン領（ネーデルランドという）は、今のベルギー

などさまざまな商工業を発達させて繁栄したのでした。とくに海運・貿易では圧倒的な優位に立ちました。

たとえば、1670年頃の「ヨーロッパ各国の商船隊の輸送能力」をまとめた統計があります*。「持っている船のトン数の合計」と考えればいいでしょう。これによれば、オランダの輸送能力が57万トンであったのに対し、イギリスは26万トンで、フランスは8万トンに過ぎませんでした。

また、商工業で稼いだお金を活用する「金融」のしくみも、オランダ人は発展させました。世界で最も初期の株式会社や証券取引所は、1600年代はじめにアムステルダムで設立されました。同じ頃に設立されたアムステルダム銀行は、ヨーロッパの金融で大きな役割を果たしました。

ただし、株式会社に似た「ビジネスに投資するしくみ」や、債券や手形といった証券の取引、銀行制度じたいは、すでにイタリアなどでかなり発達していました。オランダ人は、先行する国のやり方に学んで、さらに発展させたのです。

＊アンガス・スディソン『経済統計で見る 世界経済2000年史』柏書房、2004

「ヨーロッパの台頭」まとめ

500年代～ 西ローマ帝国の跡地にゲルマン人の王国

800年頃 ゲルマン人のフランク王国強大化 → 分裂

1000年頃までに 今のドイツ、フランス、イタリア、イギリスのもとになる国が成立

1300年代～1500年代

ルネサンス（復活・再生）
イタリアが中心
ギリシア・ローマ文化を模範とする
イスラムの国ぐにから学ぶ

1400年代～

大航海時代
スペイン・ポルトガルの海外進出
1500年代　中南米を植民地に

↓

イタリア・スペインの文化が、西ヨーロッパ各国へ広がる
繁栄が北へシフト

1600年代

オランダの繁栄
さまざまな商工業、海運・貿易、金融

（スペイン・イタリアの繁栄）

（イスラムからヨーロッパへの過渡期）

世界史の通史⑤
欧米による世界制覇

1700年～1900年

🔘 イギリスの台頭

　オランダのつぎに繁栄の中心になったのは、イギリスです。イギリスは、ヨーロッパのおもな国のひとつでしたが、もともとはやや「片田舎」の存在でした。しかし、1700年代にはヨーロッパで最強の国となり、1800年代には、まさに世界の「中心」として繁栄したのです。

　イギリスは、ベルギーやオランダとは海峡ひとつ隔てた「となり」にあり、その影響を強く受けていました。イギリスとベルギー・オランダの間では、貿易もさかんでした。

　ただ、1500年代から1600年頃にかけては、イギリスは「新興国」で、ベルギーやオランダは「先進国」という関係でした。たとえば、当時すでにイギリスには織物生産などの一定の産業がありましたが、「先進国」にくらべると、技術もセンスもいまひとつでした。しかし、深い関係を持つなかで、イギリス人はとなりの先進国からさまざまなことを吸収し、追いつき追い越していったのです。

🔘 イギリス革命

　1600年代の半ばから後半にかけて、イギリスでは政治的な争乱が続きました。独裁的な政治を行おうとする国王と、それに抵抗する貴族や地主の一派などが争ったもので、一時は内戦になりました。

そして、反国王派の勝利で終わりました。

それ以降、イギリス国王は政治に対する権限を大きく失いました。1700年頃からは、国民に選挙された代表が集まる議会が政治の中心となりました。最初は、富裕な国民の数パーセントにしか選挙権がなかったのですが、のちに選挙権の範囲は拡大していきます。内閣制度や政党政治といったことも定着していきました。

これらのことは、**現代の議会政治や民主政治の先駆け**です。この変革は根本的で大きなものだったので、「革命」といわれます。

1600年代のイギリスの争乱には**「ピューリタン革命」**（1640〜1660）と、**「名誉革命」**（1688〜1689）という2つの重大局面がありました。

ピューリタン革命は、プロテスタントの一派である「ピューリタン（清教徒）」という人びとが中心となったので、そう呼ばれます。当時、ピューリタンには商工業者や地主のなかの、とくに「新興勢力」といえる人たちが多くいました。この革命の結果、国王は処刑され、イギリスは国王のいない「共和政」になりました。

しかしそれは一時期のことで、その後王政が復活しました。ところが、また国王が議会と争うようになりました。この争いに国王は敗れて国外に逃れ、議会が招いた別の国王が即位しました。この政変は死者が少なく、「わずかな流血で終わった名誉ある革命」とされ、「名誉革命」と呼ばれます。そしてピューリタン革命と合わせ、2つの革命の一連の動きをまとめて**「イギリス革命」**ともいいます。

●「近代社会」という新しい社会

1700年頃から、イギリスの新しい政治体制は軌道に乗ってきました。その体制は「国王の横暴な支配に抵抗する」ことから生まれた

ので、人びとの自由な活動を尊重しました。思想・言論の自由、職業選択や営業の自由といったことです。また、その自由の前提となる、「生命や財産の保障」ということも、基本的な原則として確認されました。これらのことは、イギリスでは1500〜1600年代にもかなり発達していましたが、それがさらに定着したのです。

　こうした「自由」の尊重により、国の政治・経済や文化はいっそう活性化しました。人びとが安心感や意欲をもって、いろんなことに取り組めるようになったのです。これは、1700年代以降のイギリスの繁栄のベースになりました。

　たとえば、職業選択や営業の自由についていえば、その自由がない社会というのは「身分社会」です。つまり、「生まれつきの身分で、社会での役割が決まってしまう」ということです。江戸時代の日本で「士農工商」という身分が決まっていた、というのはそれにあたります。昔のヨーロッパも、これと似た状態でした。

　身分社会では能力があってもふさわしい仕事や地位につけない人が多くいました。生活のあり方にも身分ごとの制約がありました。それでは社会の発展はおさえられてしまいます。

　自由の尊重は、そんな古い社会の限界を乗り越えるものでした。そしてそれは、**「近代社会」という新しい社会が生まれた**ということです。

　ただし、1700年代のイギリスで実現した当時の「自由」は、今からみれば不十分なところも多いです。また、経済的に貧しい人も大勢いて、その人たちが「自由に何かをする」のは、現実にはむずかしいことでした。

それでも、1700年代の世界では「最も自由」といえる社会をイギリスは築いたといえます。当時、これに匹敵する状態の国といえば、ほかにはオランダくらいのものでした。

◉ アメリカ独立革命

イギリス革命は、のちの世界に大きな影響をあたえました。1700年代後半に**「アメリカ独立革命」**（独立宣言1776）が起こって、今に続くアメリカ合衆国が建国されたことは、そのひとつです。

独立当初のアメリカは東部の13州で、50州ある現在とくらべ範囲はかぎられます。この13州は、イギリスの植民地でした。しかし本国イギリスの一方的な支配に対する反発が強まり、植民地の人びとが本国に対し独立戦争を挑んで勝利したのです。合衆国初代大統領の**ワシントン**（1732〜1799）は、この戦争を指揮した総司令官でした。

アメリカの独立は「権力の支配に抵抗して新しい国の体制をつくった」という点で、革命の一種です。イギリス革命を理論化して「人民の国家権力への抵抗権」を主張した**ジョン・ロック**（イギリス、1632〜1704）の思想にも影響を受けています。

また、建国の過程で**「合衆国憲法」（発効1788）に定めたアメリカの政治制度は「三権分立」というしくみを採用していますが、これは革命後のイギリスの制度に影響を受けています。**

三権分立とは、政府の機能や組織を立法、行政、司法の3つに分けて権力の集中を防ぎ、国家の暴走をおさえるしくみです。イギリスの三権分立は不徹底な面がありますが、アメリカではこれをより本格的に採用したのでした。現在の先進国は、基本的に三権分立を採用しています。

フランス革命とナポレオン

1700年代末のフランスでは、国王や貴族の支配を倒す**「フランス革命」**（1789〜1799）が起こりました。これにもイギリス革命で形成された「抵抗権」の思想やアメリカ独立革命という大きな変革が影響しています。

この革命の結果、フランスでは国民全体の自由や平等をかかげる「共和国」の政府が生まれました。しかし、当時のヨーロッパ諸国の多くは王政です。革命が自国に波及することを恐れた周辺の国ぐにには、フランスに軍事的圧力を加え、新政府を倒そうとしました。

このとき、フランス軍を率いて戦い、外圧をはねのけた指揮官が**ナポレオン・ボナパルト**（1769〜1821）でした。彼は一軍人から国の指導者となり、革命後に続いていた混乱をおさめました。ナポレオンの政権が成立した時点（1799）で「フランス革命」はひと段落したといえるでしょう。

ナポレオンは、財産権の保障、法の下の平等、契約の自由などを規定した民法典（ナポレオン法典）を整備するなどして、革命の成果を社会に定着させました。

また、彼は軍をすすめて、周辺諸国（イタリア、スペイン、ドイツ西部など）をつぎつぎと制圧していきました。1810年頃には、西ヨーロッパの広い範囲を支配するナポレオンの「帝国」が生まれました。しかしその後、ナポレオンはロシアやイギリスとの戦争に敗れ、1815年には完全に失脚して、帝国も崩壊してしまいます。

ナポレオン率いるフランスの「帝国」の勢いは長くは続きません

でしたが、彼の活躍は革命で生まれた新しい体制の威力を劇的に示した、といえます。自由や平等の旗のもとに国民全体が団結できる軍隊のほうが、従来の「国王や貴族の軍隊」よりもパワーがあったということです。

「ナポレオン以後」は、自由・平等の理念や、国民の団結を重視する、「民族」あるいは「国民」としての意識がヨーロッパ全体に普及していきました。

また、アメリカ独立とフランス革命は、おもにスペインやポルトガルの植民地だったラテンアメリカ（中南米）の人びとにも刺激となり、独立運動がさかんになりました。1810～1820年代には、ナポレオン時代の動乱で本国の体制が揺らいだため植民地の自立がすすみ、アルゼンチン、チリ、ベネズエラ、コロンビア、ペルー、メキシコ、ブラジルなどラテンアメリカの主要国が相次いで独立しました。

産業革命

1700年代以降のイギリスの繁栄は、世界史上の重要なできごとです。イギリスで、蒸気機関などのさまざまな技術革新による生産の飛躍的な増大、つまり**「産業革命」**が起こったからです。

1700年頃から、イギリスの科学や技術の研究は世界で最先端のものになりました。1600年代末に古典力学を体系化したイギリスの科学者**ニュートン**（1642～1727）の仕事は、その代表的なものです。

そして、**1700年代後半のイギリスでは、ワット（1736～1819）による蒸気機関の改良（1760～1780年代）など、さまざまな機械の発明が行われ、それを使った大規模な産業がおこりました。**木綿関連

などの繊維産業がそのはじまりで、のちに機械や道具の製造、製鉄など多くの分野に広がっていきました。1800年代前半には各地に鉄道がつくられ、汽船が川や海を行きかうようになりました。

こうした産業や交通の発達は、最初はイギリスだけにかぎられていましたが、1800年代半ばまでにはヨーロッパの広い範囲や、アメリカ合衆国にも広がりました。なお、ヨーロッパの周縁部に位置するロシアでの産業革命の開始は、1800年代末となりました。

日本では、明治維新（1868）によって武士の政権が倒れ、多くの藩（小さな国のようなもの）に分かれていた状態をひとつにまとめる変革が行なわれました。そして、欧米の技術を取り入れた産業の革新がはじまり、1800年代末にはそれがさらに本格化しました。これは、アジアではじめての「産業革命」だったといえます。

1800年代は、イギリスの時代でした。まず、圧倒的な工業力で「世界の工場」といわれました。ある統計では、1870年の時点でイギリスの工業生産は、世界の32％を占め、世界1位でした。金融でも圧倒的な優位に立っています。そのような産業・経済の力をバックに、海運や軍事力でも最大の勢力となりました。学術研究などの文化面でも、世界をリードしました。

イギリスの産業革命は、それまでの数百年間にヨーロッパで行われた試みのいろいろな成果を集大成したものです。イスラムの学問を受け継ぎ発展させた科学研究、人びとが自由に研究や事業ができる社会のルール、銀行や株式会社などの金融のしくみ――そういうものを、西ヨーロッパの人びとは、1700年代までにかなりのところまで築きあげてきました。イタリア人、スペイン人、ドイツ人、フランス人、オランダ人等々がそれにかかわってきました。

1700年代のイギリス人は、「そうした成果を受け継ぎ、新しいものをつけ加えながら、ひとつにまとめあげた」のです。

科学や技術の研究、起業家精神、それらを後押しする自由な社会のルール、新しい事業を生む金融のお金の流れ。それらをまとめあげた結果が、産業革命です。

◉ 欧米が世界を制覇する

産業革命以降は、はっきりと西ヨーロッパが世界の「繁栄の中心」となりました。後にアメリカ合衆国もその「中心」に含まれるようになるので、ここからは「欧米諸国」という言い方もしていきます。

繁栄する欧米諸国によって、世界の勢力図は大きく変わっていきました。1700年代までのヨーロッパの人びとは、中国やオスマン帝国に対し、相当なおそれや敬意をいだいていました。

しかし、それが1800年頃からは、大きく変わり、ヨーロッパにアジアの国ぐにを上回る力のあることがはっきりしてきました。技術や経済力をもとに圧倒的な軍事力を持つようになったのです。

その力で、1800年代の欧米諸国は、世界中のさまざまな地域、つまりアジア・アフリカの国や地域を、植民地やそれに近いかたちで支配下におくようになりました。

その「植民地」のなかには、かつて強大だったイスラムの国ぐにの一部や（エジプトなど）、中国の一地域（香港など）も含まれていました。インドは、1800年代半ばには国全体がイギリスの植民地になってしまいました。

欧米以外で最強の勢力だったオスマン帝国や中国（1800年代当時

は清王朝）は、完全に植民地化されることはありませんでした。しかし、両国とも1800年代には衰え、欧米諸国の圧力や要求に屈するようになりました。

1900年代初頭には、アジア・アフリカの大半が欧米の植民地になるか、それに近い状態になっていました。そのなかでイギリスは、最も多くの植民地を支配したのでした。まさに「大英帝国」だったのです。

海外に植民地を有する、当時の大国を「列強」ともいいます。それはつまり「欧米」のことです。

その一方で1900年頃には、明治維新以後に急発展した日本が台湾や朝鮮半島を軍事力で支配するようになるなど、アジアで唯一の「列強」となる、ということもありました。

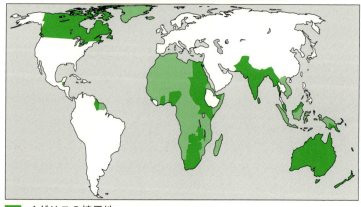

1914年におけるヨーロッパ諸国の植民地

■ イギリスの植民地
■ その他のヨーロッパ諸国の植民地
イギリスはさらに香港などのほか、大洋の島々も多く支配した

「グローバル化」の出発点

1800年代は、欧米が世界を制覇した時代であると同時に、現代につながる「グローバル化」がすすんだ時代でした。**グローバル化とは、「交通・通信の発達を基礎に、地球規模で人びとの交流が深まっていくこと」です。**

商業的な有線の電信網の開業は1830年代のイギリスでまずはじまり、1860年代にはヨーロッパとアメリカを結ぶ大西洋横断の電信ケーブルが実用化されました。

船の交通では、1860年代に**スエズ運河**（131ページ参照）が開通し、ヨーロッパとアジアの距離が大幅に縮まりました。スエズ運河はエジプトにあり、地中海と紅海（アラビア半島とアフリカの間の細長い海）をむすんでいます。これは当時のエジプトの政権が、フランスの技術や資本の力を借りてつくったのです。

1800年代後半は、産業革命が生み出した通信・交通の世界的なネットワークが、一応かたちを整えた時期でした。これは、現代のグローバル化の直接の出発点になっています。

もちろんそれは、現代とくらべればうんと細い線のネットワークでした。たとえば当時の電信は、2種類の信号（長点「ツー」と短点「トン」）を組み合わせた「モールス符号」を送り、それを文字や数字に読みかえるというものです。文字そのものや音声は送れません。それでも、瞬時に大陸をも越えて情報を送る技術は、きわめて画期的なものでした。

その後の技術革新は、1800年代に生まれた世界を結ぶネットワークをさらに太く、緻密なものにしていきました。無線通信、電話、飛行機、そしてインターネット……みんなそうです。

📎「欧米による世界制覇」まとめ

1500年代〜1600年頃
「新興国」だったイギリス
ベルギー、オランダなどに学び、追いつく

↓

1640〜1689
イギリス革命
独裁的な国王に貴族らが抵抗して勝利
ピューリタン革命（1640〜1660）
名誉革命（1688〜1689）

↓

1700年代
議会政治・民主政治が軌道に乗る
社会の「自由」も発展

↓

1700年代後半
イギリスの産業革命
木綿関連から各種産業へ

1776
アメリカ独立

1800年代前半
西ヨーロッパ・アメリカに産業革命広がる

1789〜1799
フランス革命
→ ナポレオンの活躍

↓

1800年代〜1900年代初頭
イギリス（大英帝国）の繁栄
強大化した欧米
アジア・アフリカを植民地化

グローバル化がすすむ

世界史の通史⑥
1900年代以降の現代世界

● アメリカの時代

　イギリスの繁栄のあとにくるのは、1900年頃からのアメリカ合衆国（アメリカ）の時代です。これは、今も続いています。

　1900年頃のアメリカの台頭を最もよく示しているのは、工業生産です。1800年代末にアメリカの工業はイギリスに追いつき、1900年代初頭には、はるかに追い越していったのです。

　1880年代（81〜85）には、アメリカの工業生産が世界に占めるシェアは29％で、イギリスの27％を少し抜いて、世界１位になりました。さらに1913年には、アメリカは36％で圧倒的な世界１位、２位はドイツが台頭して16％、イギリスは３位で14％となります。そして、**第一次世界大戦（1914〜1918）以降は、アメリカが世界のなかで最大・最強の国であることがはっきりしていきます。**

　なお、1800年代後半のドイツでは、日本の明治維新（1868）にあたるような、国家をひとつにまとめる変革が行われて「ドイツ帝国」という体制が成立し、急発展していました。

　「統一」以前には、ドイツは多くの国に分かれていました。そのため、ドイツの発展は、イギリスやフランスよりもやや遅れてのものですが、1900年頃の世界では、新興の大国としてアメリカに次ぐ存在になりました。

イギリス→アメリカというのは、「となり・となり」じゃない、と思うかもしれません。しかし、そうではありません。**アメリカの政治・経済の中心の東海岸は、イギリスから大西洋を渡った先、つまり大西洋をはさんで「となり」にあるのです。**

イギリスとアメリカは、海という交通路でつながっています。鉄道や自動車以前には、遠距離の移動は陸路より船のほうが便利でした。また、アメリカの東海岸は1700年代後半に独立するまで、イギリスの植民地でした。このように**アメリカは、イギリスの影響を強く受けた地域**なのです。やはりここでも「となり・となり」です。

◎ 産業革命のバージョンアップ

1800年代後半以降のアメリカの工業では、イギリスではじまった産業革命に新たな革新が加えられました。「産業革命のバージョン

アップ」がすすめられたのです。

　発明王**エジソン**（1847〜1931）は、台頭するこの時代のアメリカを象徴しています。エジソンはアメリカ人で、1800年代後半から1900年代はじめにかけて、蓄音機や電球などの数々の発明で、電気の時代を切りひらいた人物です。エジソンのライバルには、電話機を発明したベルや、「交流電流」という現代の電気技術に貢献したニコラ・テスラやウェスティングハウスといった人たちがいました。

　これらの人たちはみなアメリカで活躍しました。つまり、**最先端の技術研究の多くが、イギリスではなくアメリカで行われるようになった**のです。

　1900年代初頭に、動力付きの飛行機を発明したライト兄弟も、アメリカ人です。大規模な自動車産業も、1900年代前半のアメリカで最初に発達しました。コンピュータ産業も、1900年代半ば以降にアメリカではじまったのです。

　技術や工業に少し遅れて、科学や芸術などの文化でも、アメリカは圧倒的な存在になりました。アメリカで発達した映画やポピュラー音楽などの大衆文化も、世界に広まりました。

今もまだアメリカの時代

　今現在も、世界の繁栄の中心はアメリカといっていいでしょう。
　アメリカのＧＤＰ（経済規模を示す）は世界第1位で、世界全体の22％を占めます（2013年、以下同じ）。1人当たりＧＤＰ（経済の発展度を示す）は、5万2000ドルで、世界でも上位のほうです。
　なお、ＧＤＰで世界2位の中国は世界の12％、3位の日本は7％です。2、3位とはかなり差をつけています。とくに、中国は1人あたりＧＤＰが0.7万ドルに過ぎず、経済の発展度はまだまだです。

軍事力でも、アメリカは世界のなかで圧倒的な存在です。世界の国防予算の4割弱は、アメリカによるものです（2013年）。

日本やEU諸国など、アメリカに準ずる別の「中心」といえる国や地域も、今の世界にはあります。しかし、少なくとも短期のうちにアメリカを追い越しそうな国は、今のところみあたりません。

＊　＊

2つの世界大戦

　ここで、1900年代の2つの世界大戦と、その後の世界についてみてみましょう。「アメリカ中心の世界」は、世界大戦が生んだ結果のひとつです。

　アジア・アフリカの多くの国や地域は、1900年頃までに、イギリスをはじめとする欧米の支配下に入りました。欧米諸国が世界を「制覇」したのです。

1900年代前半には、その欧米諸国のなかできわめて大きな争いがありました。第一次世界大戦（1914～1918）と、第二次世界大戦（1939～1945）です。これらの大戦はいずれも、イギリスとドイツの対立が軸になっています。

　イギリスは、いち早く産業革命を成し遂げ、経済力や軍事力をバックに、植民地の獲得で圧倒的な優位にありました。これに対しドイツは、やや遅れて発展したものの、1900年頃にはイギリスに匹敵する産業や軍事力をもつようになりました。しかし、植民地の獲得では大きく遅れとっており、イギリスなどの先行する国の既得権に不満を持っていました。

2つの大戦をごくおおざっぱにいうと、「ドイツという、当時勢いのあったナンバー2が、ナンバー1のイギリスに挑戦した」ということです。世界の秩序を、自国（ドイツ）にとってもっと有利なものに書きかえようとしたのです。

　また、それぞれには「仲間」がいました。イギリスにとって最大の仲間は、2つの大戦ともアメリカでした。ドイツは、第二次世界大戦のとき、同じく「新興勢力」だった日本と同盟を組みました。そして、2つの世界大戦の結果は、どちらも「イギリス＋アメリカ」側の勝利でおわったのでした。

第一次世界大戦の経緯

　第一次世界大戦は、ヨーロッパ南東部の**バルカン半島**（116ページの地図において、オーストリアの一部、ルーマニア、セルビア、ブルガリア、ギリシアなどにまたがる巨大な半島地域）にある、セルビアでの地域紛争からはじまりました。バルカン半島の一部を支配していた当時のオーストリア（今と異なり周辺国をも支配する帝国だった）と、バルカンで勢力を伸ばしたいロシア……最初は両国のあいだの争いが中心でした。

　そのきっかけは、1914年に当時オーストリアと対立していたセルビアの一青年が、オーストリアの皇族（皇位継承者）を射殺したことでした。オーストリアに併合されていたボスニア（セルビアの隣）のサライェヴォという都市でのことです。

　怒ったオーストリアがセルビアに宣戦布告したところ、ロシアがセルビア側で介入してきました。一方、ドイツがオーストリア側でこの戦争に加わりました。オーストリアとドイツは民族的に近く、親しい関係にありました。

そして、その後の**ドイツの「暴挙」といえる行動によって、「地域紛争」は「大戦争」に発展します。**ドイツがフランスを大軍で攻撃したのです。まず、ドイツは中立国ベルギー（フランス北部と接している）に侵攻し、そこからフランスに軍をすすめました。

当時のドイツにはイギリスとフランスという「宿敵」がいました。ドイツは、アジア・アフリカの植民地支配で先行する英仏に対抗心や不満を抱いていました。

とくに、ドイツとフランスの間では隣国どうしの長年の緊張関係

第一次世界大戦中のヨーロッパ

■ ドイツなどの「同盟国」側　　━ 同盟国が最も進出した前線

がありました。比較的近い過去にかぎっても、両国のあいだではナポレオン時代の戦争や、1870年代には「普仏戦争（独仏戦争）」などの衝突があったのです。普仏戦争は、多くの国に分かれていたドイツを統一したプロイセン（漢字で「普魯西」などと書く）という国とフランスのあいだの戦争です。この戦争は、プロイセンが勝利しました。

こうした背景から、ドイツの指導者のなかで「セルビアをめぐる紛争でロシアと戦うあいだにフランスに攻められないよう、こちらが先にフランスを攻める」という考えが有力となり、実行されたのでした。これはイギリスも見過ごせないので、ドイツとイギリスの戦争もはじまりました。

アメリカは当初、この戦争に不参加の方針でしたが、大戦の後半（1917）からは英仏側で参戦しました。アメリカは、独立のときはイギリスと争ったものの、その後は経済的にも文化的にもイギリスと近い関係にありました。

日本は、この戦争には全面的には参加しませんでしたが、英仏側として中国やシベリアなどに出兵しています。当時の日本はイギリスと「日英同盟」を結んでいました。

また、バルカン半島の一部には、オスマン帝国の領域もありました。当時のオスマン帝国には、自国への圧迫を重ねていたロシアへの反発などがあり、トルコはロシアなどの「敵」であるドイツの側で参戦しました。

以上の経緯で2つの陣営に分かれて大戦争になったのです。ドイツを中心とする側と、イギリス・フランスを中心とする側です。**ドイツ側を「同盟国」、イギリス・フランス側を「連合国（または協**

商国)」といいます。

　この戦争をはじめた政治家・軍人の多くは、当初「戦争は短期で決着する」とみていました。ところが予想外に泥沼化して、激しい戦いが続きました。その戦いのなかで、戦車や軍用機といった新兵器もはじめて登場しました。

　当時の戦争に対する心理的ハードルは、今よりもずっと低いものでした。それまでの戦争の多くは狭い地域で争われ、戦いにかかわるのは国民の一部にかぎられました。「国家のすべてを動員する激戦＝総力戦」である、というイメージではなかったのです。この心理的ハードルの低さが、世界大戦を招いた一因ともいえるでしょう。

　第一世界大戦は1918年に、イギリス・フランスなどの連合国側の勝利で終わりました。大戦の終わりにドイツ帝国の皇帝は国外に逃れて帝国は崩壊し、ドイツは共和国になりました。

　この戦争による死者は軍人と民間人を合わせて1800万人にのぼったのでした（大戦による死者の数は諸説あります）。

帝国の解体・滅亡

　第一次世界大戦の結果、世界の勢力図は変わりました。**とくに重要なのは、それまでの世界で勢いのあった、昔ながらの帝国——有力な王朝がほかの民族を支配する体制——の多くが滅びた**ことです。

　大戦の結果、オーストリア帝国はハンガリーなどの周辺諸国・地域への支配を失い、小粒な共和国になりました。

　そして、ロシア帝国の崩壊です。第一次世界大戦がはじまったときのロシアは、1600年代から続くロマノフ朝という政権が支配して

いました。その広大な領域にはロシア人以外の異民族の社会も含まれており、ロシアは「帝国」といえる国でした。

しかし大戦中の混乱のなかで、1917年にこの王朝を倒す革命が起こりました。その結果、**レーニン**（1870〜1924）の指揮で新政権が樹立されました。この政権のもとでロシアはドイツと講和条約（戦争をやめる条約）を結んで大戦から離脱します。そして、**1922年にはウクライナなどのロシア周辺の国ぐにを合わせた、ソヴィエト社会主義共和国連邦（ソ連）が成立しました。**

ソ連は、世界初の「社会主義」を掲げる国家です。社会主義とは、政府が生産の施設・手段を独占的に所有し、政治経済のすべてをコントロールする体制です。その体制で平等な理想社会の建設をめざすというのです。なお、「連邦（連邦国家）」とは「ある程度の独立性を持つ国家が集まって、さらに大きな統一の国家を形成している体制」を指します。

オスマン帝国も解体します。ドイツ側で参戦したオスマン帝国は敗戦国であり、戦後はイギリス、フランスなどの勢力によって、帝国の領域である今のシリア、イラクのほか、アナトリア（今のトルコ共和国の範囲）の多くの部分が占領されました。そのなかで、**ムスタファ・ケマル**（1881〜1938）の指導で、アナトリアから連合国側の勢力を排除し、**オスマン朝の支配を終わらせる革命（トルコ革命）が起こりました。そして、1923年には現在に続くトルコ共和国が成立しました。**

トルコ共和国は、その領域をアナトリアとその周辺に限定し、イラク、シリアなど、かつてのオスマン帝国の領域の多くを放棄することになりました。

オスマン帝国は、トルコ人主導の王朝が各地のアラブ人などを支配する、まさに「帝国」でしたが、支配されていた人びとは独立をめざすようになります。 1920～30年代には今のエジプト、イラク、シリア、ヨルダンといった地域で、各地の独立または一定の自治の獲得がなされました。

現代世界における「アラブ人」とは、これらの国ぐにで主流の人びとや、もともと「アラブ」の本拠地であったアラビア半島の人びとを総称する呼び名です。「アラビア語などの文化を共有する人たち」といってもいいでしょう。その多くはイスラム教徒です。

ただし、第一次世界大戦後にアラブ人が得た独立や自治は不完全なものでした。国や地域によって内容は異なりますが、イギリスやフランスによる事実上の支配や介入が行なわれたのです。

またアラビア半島では内陸部を中心に、サウジアラビア王国が1930年代に建国されました。西アジアのほかの地域の動きに刺激を受けた、といえるでしょう。

第一次世界大戦の以前にも、**1911年には中国の清王朝を倒す革命が起き、翌年に中華民国が成立する、**ということがありました（辛亥革命）。大戦以前から「帝国」は過去の遺物になりつつあったのです。その流れを、第一次世界大戦は決定づけたといえます。

● 東ヨーロッパの国ぐにの独立

また、このような「帝国」の崩壊は、東ヨーロッパにも大きな影響をあたえました。第一次世界大戦後は、オーストリアの支配領域からハンガリー、チェコスロバキアといった共和国が生まれました。

またバルカン半島では、この地域のさまざまな民族を統合するユ

ーゴスラヴィアが建国されました(その後1990年代から2000年代にかけてユーゴスラヴィアを構成していた複数の民族がそれぞれ分離・独立し、現在に至る)。

ポーランドは1700年代末以降ロシアとドイツなどに分割支配されていましたが、第一次世界大戦後には独立を回復しました。ロシアの支配下にあったラトヴィア、エストニア、リトアニアのバルト三国や北欧のフィンランドも、独立国となりました(ただしバルト三国は1940年代にソ連の一部となって、事実上独立を失った状態が1991年まで続く)。

つまり、**東ヨーロッパのおもな国ぐにの多くが第一次世界大戦後に独立・建国し、それが現在につながっている**のです。

第二次世界大戦の経緯

第一次世界大戦に敗れたあと、ドイツでは経済・社会が大混乱に陥り、国民はおおいに苦しみました。ただし、その後1920年代には、一定の復興をなしとげ、比較的安定した時期もありました。しかし、1929年の株価暴落から始まったアメリカ発の世界恐慌(大恐慌)の影響がヨーロッパに波及すると、ドイツはまた混乱しました。

この恐慌(経済の激しい落ち込み)は、2008年に起こった「リーマン・ショック」以降の不況と似ています。しかし、経済にあたえた影響は「大恐慌」のほうがはるかに深刻でした。大恐慌の際、その最悪期にはアメリカの失業率は25%ほどにもなりました。ドイツでは、失業率はアメリカよりもさらにひどい状況でした。ちなみにリーマン・ショック以降の不況では、アメリカの失業率は最悪期でも10%程度です。

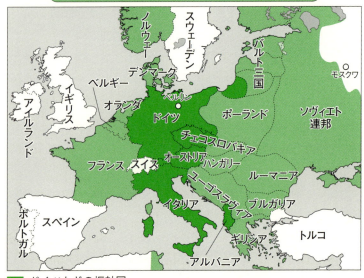

第二次世界大戦中のヨーロッパ（ドイツとその周辺）

■ ドイツなどの枢軸国
■ 枢軸国の最大の支配地・占領地
枢軸国≒ドイツは、一時期はヨーロッパをほぼ制圧した

　その**混乱の時代に人びとの支持を集め、1933年に政権を得たのが、ナチ党（ナチス）を率いるヒトラー（1889〜1945）でした**。彼の「愛国」の主張は、当時のドイツ人に訴えるものがありました。ヒトラーがめざしたのは「ドイツによるヨーロッパ制覇」でした。

　政権を得たヒトラーは、大胆な経済政策を行って失業を一掃するなど、社会の混乱をおさめることに成功します。そのような実績と、批判者をテロで排除することや巧みなＰＲなどによって、彼は独裁権力を固めました。そして1930年代半ば以降は軍備増強を行い、かねてからの目標の実現に向けて、侵略を開始したのです。

　まず、オーストリアやチェコスロバキアといった、ドイツの東側

の、ドイツ人も多く住む周辺国を併合します（1938～1939）。さらにポーランドに侵攻する一方、フランスなどの西側の周辺国にも攻め入って、それらの地域をほぼ制圧しました（1939～1940）。

　この動きのなかで、イギリス・アメリカなどとの戦争もはじまり、第二次世界大戦となりました。一般にドイツによるポーランド侵攻・占領に対し、イギリスとフランスがドイツに宣戦布告した時点（1939）で「第二次世界大戦が勃発した」とされます。

　また、ヒトラーはその政治思想のなかでソ連（ロシア）の社会主義に対して強い敵意を抱いていたので、大戦の途中（1941）からソ連に大軍で攻め入り、「独ソ戦」をはじめました。

　このようなドイツの動きに、イタリアと日本が同調しました。イタリアと日本も、イギリスやアメリカが主導する当時の国際秩序に不満を持っていました。

　日本では、1930年代に「アジアでの領土拡大」という野望が政治を強く動かすようになりました。日本は中国（中華民国）に軍事的に進出し、1937年には中国との戦争がより本格的になりました。また、1941年末には、日本軍がアメリカのハワイ（真珠湾）を攻撃して日米戦争（太平洋戦争）もはじまりました。

　第二次世界大戦では、**ドイツ・日本などの陣営を「枢軸国」、アメリカ・イギリス・ソ連などの陣営を「連合国」**といいます。この大戦を指導した当時のアメリカ大統領はフランクリン・ルーズヴェルト、イギリスの首相はチャーチル、ソ連の指導者はスターリンです。

　大戦は1945年に連合国側の勝利で終わりました。敗戦国であるド

イツも日本も連合国側によって占領支配される状態が1950年頃まで続きました。

ドイツは東西に分割されてしまいました。ドイツの東側はソ連に占領されて社会主義体制の**「東ドイツ」**となり、アメリカ、イギリス、フランスに占領された西側は資本主義・自由主義の**「西ドイツ」**となりました。

この大戦による死者は、軍人2300万人、民間人3200万人にのぼり、第一次世界大戦を大きく上回るものでした（死者数は諸説あり）。日米戦争が終わる直前には、大戦末期にアメリカで開発された原子爆弾（原爆）が、日本の広島と長崎に投下されています。

アジア・アフリカの独立

第二次世界大戦は、第一次世界大戦以上の大きな被害を、負けた側はもちろん勝った側にももたらしました。

そのなかで、アジア・アフリカの数多くの植民地が、武力あるいは交渉によって独立を求め、植民地を支配するヨーロッパ諸国はこれを認めることになります。植民地の人びとが力をつけてきたことに加え、戦争のダメージで、ヨーロッパ側には植民地をおさえきるエネルギーがなくなっていたからです。

アジアの国ぐにの多くは、1945年から1950年代に独立しました。インドネシア、ベトナム、フィリピン、ミャンマー、カンボジアといった東南アジアの国ぐにがそうです。

日本に支配されていた朝鮮半島は、ドイツのように分割され、ソ連が占領した北側が**「北朝鮮」**として、アメリカが占領した南側は**「大韓民国（韓国）」**として、1948年にそれぞれ独立しました。

インドも1947年に、**ガンジー**（1869～1948）の主導でイギリスから独立しました。同じ年に、インドのとなりのパキスタンも独立しています。パキスタンは、もとはインドと同じ「イギリス領インド」の一部でしたが、イスラム教徒が多いため、ヒンドゥー教徒が主流のインドからは分離したのでした。

中国は清王朝が倒されて**「中華民国」**となっていましたが、第二次世界大戦後の**1949年には、さらに中華民国の政権（国民政府という）が倒されて今の中華人民共和国が成立しました。そして、ソ連の影響を受けて社会主義の国づくりをはじめました。**建国者の**毛沢東**（1893～1976）は、日中戦争のなかで独自の勢力を組織して台頭し、戦後に中華民国と争って勝利したのです。

一方、中華民国の国民政府は台湾に逃れて自分たちの政権を築きました。これが現在の台湾につながっています。

また、エジプト、イラク、シリアなどの西アジアのおもな国・地域は、第一次世界大戦後に一定の独立や自治を得ましたが、イギリスやフランスなどの欧米諸国による支配や介入が続きました。しかし第二次世界大戦後は、以前よりも確かなかたちでの独立を得ていきました。

アフリカではアジアよりもやや遅れて、1950年代後半から1960年代に多くの国が独立しました。とくに、1960年には一挙に17か国もの独立があり、「アフリカの年」といわれました。

こうして、1970年代までには、世界のほとんどの地域が独立国となったのです。**第一次世界大戦は、いくつもの帝国の滅亡をもたらしましたが、ヨーロッパによるアジア・アフリカの植民地支配という「帝国」は残りました。しかし第二次世界大戦は、結果としてそ**

れらの支配も終わらせたのでした。

冷戦の時代

　植民地を失うなどでヨーロッパが後退する一方、アメリカの世界への影響力は、第二次世界大戦後にきわめて大きくなりました。

　アメリカは本土が戦場にならなかったので、戦争のダメージもかぎられました。1950年頃、アメリカの工業生産は世界の約半分を占めました。ＧＤＰでは世界の３割弱で、その経済力は圧倒的でした。そして巨大な軍事力を、世界各地に展開するようになりました。

　ただし、アメリカは他国を「植民地」として支配するよりも、他国の独立を一応認めながら、それらの国に影響力をおよぼす、という基本方針をとりました。

　ソヴィエト社会主義共和国連邦（ソ連）も、第二次世界大戦後に大きな影響力を持つようになりました。かつてのソ連は、今のロシアよりもはるかに大きな領域を有していました。ロシア周辺のいくつもの国が、ロシアとともにソ連を構成していました。

　また、第二次世界大戦後まもなく、ポーランド、チェコスロバキア（現チェコとスロバキア）、ハンガリー、ルーマニア、ブルガリアなどの東ヨーロッパ諸国は、ソ連に従属するようになりました。東西に分割されたドイツのうち、ソ連に占領された東ドイツも同様です。これらの国ぐにでは、一応の独立は保たれながら、ソ連の意向に従う社会主義政権が成立しました。この時期のソ連には、アメリカに次ぐ強大な軍事力がありました。

1940年代末までには、アメリカを中心とする勢力と、ソ連を中心

とする勢力とが対立し、世界を二分するようになりました。アメリカ側は、自由主義（資本主義）の「西側」陣営、ソ連側は社会主義の「東側」陣営と呼ばれます。

両者はそれぞれの社会体制を互いに否定しあっていました。ソ連の側によれば西側の資本主義は「資本家の独裁による不平等な格差社会」であり、西側によればソ連の社会主義は「国家権力（共産党）の独裁によって自由や人権が抑圧される社会」でした。

この「東西」の対立を**「冷戦」**といいます。これはアメリカとソ連のあいだで直接の戦争（熱い戦争）こそなかったものの、「いつ戦争になってもおかしくない」緊張状態であったことをさしています。冷戦は1950年代から1960年代にかけて最高潮となりました。

敗戦後の日本と、分割されたドイツの西側である西ドイツは、「西側」の一員となりました。そして、両国とも比較的短期間のうちに戦争の破壊から復興し、その後は「経済大国」として繁栄したのでした。

▶ 代理戦争

ただ、アメリカとソ連のあいだに直接の戦争はなかったものの、「代理戦争」はありました。つまり、**米ソ以外の国や地域で「アメリカが後押しする勢力」と「ソ連が後押しする勢力」とが戦争をした**のです。

そのような「代理戦争」の代表的なもののひとつに、1950～1953年の、社会主義の北朝鮮と資本主義の韓国とが戦った**朝鮮戦争**があります。このときは、中国（当時、ソ連と近い関係にあった）がとくに前面に出て北朝鮮を支援しました。アメリカも韓国を支援して派兵しています。この戦争は完全には決着しないまま、現在に至る

まで「休戦中」となっています。

　また1960年頃から1975年まで続いた**ベトナム戦争**も、アメリカが後押しする南ベトナムと、社会主義体制でソ連・中国が支援した北ベトナムの戦いであり、代理戦争の側面がありました。この戦争は北ベトナムが勝利し、ベトナムは「北」の主導で統一され、現在に至っています。

　この戦争でアメリカは打撃を受けましたが、その敗北は「社会主義の勝利」というよりも「アジアの独立・自立」という流れのなかに位置づけられるでしょう。

▶ 新興国や「欧米以外」の台頭

　一方、独立後のアジア・アフリカ諸国の状況はどうでしょうか。しばらくのあいだ、アジア・アフリカ諸国の多くは、政治的混乱や経済政策の失敗などから、思うように発展することができませんでした。

　しかし1970年頃から、韓国、台湾など、アジアの一部の国や地域で、本格的な経済成長が軌道に乗りました。続いて東南アジアのいくつかの国でも成長が急速となっていきました。

　これらの経済成長が本格化したアジアの国ぐには、アメリカや日本との関係が深い傾向がありました。つまり「西側」の仲間でした。そして、西側の先進国への輸出を伸ばすことが、経済発展の最大の原動力だったのです。

　また同時に、**アメリカ、西ヨーロッパ諸国、日本といった西側の先進国も、1950年から1970年頃までには、順調に経済を成長させていった**のでした。

これにくらべると、同じ時期の「東側」の経済は停滞傾向で、「東西」の格差は拡大していきました。

1980年代には、ソ連はあいかわらず軍事大国でしたが、経済や人びとの生活は多くの問題をかかえ、自由も抑圧されていました。社会主義に対する、国内外の不信感も高まっていきました。

「社会主義の行き詰まり」は、同じく社会主義である中国でも起きていました。そのため、1980年代の中国では、**鄧小平**（とうしょうへい）(1904〜1997) によって「企業による経済活動の自主性や自由をある程度認める」「海外からの投資や技術をとり入れる」などの改革がおし進められます。その結果、中国経済の急速な発展がはじまりました。

1980年代後半には、ソ連でも**ゴルバチョフ**(1931〜) が政治の大改革に取り組み、アメリカとの関係も改善しました。しかし、改革は十分な成果があがらないまま体制の動揺をまねき、**1991年にソ連の体制は崩壊してしまいました。ロシア周辺のソ連を構成する国ぐには、ソ連から離脱していきました。「冷戦」の終結**です。

その少し前に、ソ連に従属していた東ヨーロッパの社会主義体制も崩壊の道をたどっています。1990年、東西ドイツは西が東を吸収するかたちで統一されました。

その一方、インドでも変化がありました。インドでは独立後、重要な産業については国家が経営・投資を行い、ソ連とは別のかたちで社会主義的な路線を行こうとしました。西側先進国との経済的な交わりについても消極的でした。そうすることで国の産業を守り育てる方針でしたが、思うような経済発展ができませんでした。

しかし、冷戦が終結した1990年頃からは、路線を変更して先進諸

国との関係を深め、「経済の自由化」を進めるようになりました。

1990年代以降、中国やインドの経済発展は世界のなかできわだったものになりました。ソ連が崩壊したあと、西ヨーロッパとの関係を深めたチェコやポーランドなどの東ヨーロッパでも、経済発展が進みました。

さらに2000年以降は、すでにある程度の発展を遂げていたブラジルやメキシコなどのラテンアメリカ(中南米)や、それまで経済がとくに遅れていたアフリカも含め、経済発展が続く「新興国」が、世界各地で注目されるようになっています。

また、「新興国の台頭」の一方で、アジアの一画を占める日本が、おおいに発展して世界の繁栄の「中心」のひとつとなる、という出来事もありました。1990年代には、日本のGDPは世界全体の15%前後を占め、アメリカに次ぐ「単独2位」の位置になりました。

つまり、**世界の勢力図は1900年頃の「欧米が圧倒的」という状態から、その後の100年ほどで大きく変わってきた**のです。

アラブの情勢

また、**アラブを中心とするイスラム諸国の動きも、「欧米以外の台頭」という視点でとらえることができる**でしょう。

第二次世界大戦後、より確かな独立を得たものの、アラブ諸国の多くは、やはり欧米からの干渉を受け続けました。欧米諸国は、それらの国の豊富な石油資源を管理しようとしたのです。

また、東西冷戦のなかで「ソ連にアラブをおさえられないように」という警戒心もあって、アメリカはアラブに影響力をおよぼすことにこだわりました。そうした欧米による干渉への抵抗は、アラブ諸

国の主要な課題でした。

　第二次世界大戦が終わって間もなく（1948）から1970年代前半まで、アラブ地域では**「中東戦争」という地域紛争が、4回にわたってくり返されました。これは、アラブ諸国とイスラエルの戦争**です。

イスラエルは、ユダヤ人という、アラブ人（イスラム教徒が主流）とは系統や宗教の異なる人たちの国家です。 ユダヤ人は、イギリスやアメリカの支援を受けて、パレスチナと呼ばれるアラブ地域の一画にイスラエルを建国（下図参照）し、そこに住む多くのアラブ人を追い出しました。

　イスラエルのもとになる領域は、第一次世界大戦後につくられました。そして第二次世界大戦の終結後まもなく（1948）、独立国となったのです。そのようなイスラエルとの戦いは、アラブの人びと

イスラエルとその周辺

「ガザ地区」「ヨルダン川西岸地区」は、イスラエル建国以前からパレスチナに住んでいたアラブ人とその子孫が多く住む

にとって欧米への抵抗でもありました。

　ユダヤ人は、そのルーツである王国が紀元前の時代（とくに3000年前頃に）にパレスチナ地域で栄え、ユダヤ教を創始した人びとです。この時期の古い王国は滅びてしまいますが、ユダヤ人は自分たちの宗教と民族意識を保持し続けました。そして、のちに自分たちの国を復興させたもののローマ帝国によって滅ぼされてしまう、ということもありました。

　その後、**ユダヤ人は国を持たない民として離散していきました。**マイノリティ（異端の少数派）として差別され、迫害を受けることもありましたが、それでも文化を共有する集団として、ローマ帝国、イスラムの国ぐに、ヨーロッパ各国などで存在し続け、商業や金融、文化の各方面で活躍するようになったのでした。

　そのなかで、ユダヤ人のあいだでは、教育を重視し、お金やビジネスに強いという伝統が形成されていきました。

　イギリスやアメリカの繁栄の時代になってから、その活躍はさらに盛んになりました。ユダヤ人は「世界の繁栄の中心」となった国のなかで、マイノリティでありながら大きな影響力を持つようになったのです。

　1800年代末以降、ユダヤ人のあいだでは「パレスチナに自分たちの国を再建する」という構想が有力となりました。そして、その影響力でイギリスやアメリカの政府を動かしたことで、イスラエルは建国されたのです。ユダヤ人は欧米を中心に世界各地に分散していますが、その一部がイスラエルに移住していきました。

　また、ヒトラーはユダヤ人に対し異常な偏見を抱き、その政治思

想のなかでユダヤ人を徹底的に排斥することを主張しました。

そして、第二次世界大戦の際にはドイツ国内やその占領地域で600万人（諸説あり）のユダヤ人が、ヒトラーの方針で虐殺されています。

このような**受難の歴史があるので、ユダヤ人はイスラエルという、やっと得た「祖国」を、激しく攻撃されても守り抜こうとする**のです。

アラブ諸国とイスラエルの対立は、今も続いていますが、中東戦争などの戦いやさまざまな主張・かけひきなどを経て、アラブ諸国は1970年代以降、石油資源の管理については、欧米の干渉を大幅に排除することに成功しました。

イスラム主義

また、1979年のイランでは、アメリカと強く結びついた政権を倒す革命が起こりました。革命後の政府は、イスラム教の伝統や原則を重視する「イスラム主義」の徹底や、「反米（反アメリカ）」の立場をとりました。

このようなイスラム主義の動きは、イスラム圏に広く影響をあたえ、一部には過激で極端なかたちのイスラム主義の動きも生じました。

1990年代から2001年までアフガニスタンの大部分を支配したタリバン政権は、そのひとつです。タリバン政権ともつながりがあったアルカイダという組織は、2001年にアメリカで複数の旅客機を超高層ビルなどに墜落させる大規模なテロ（事件があった日から「9.11テロ」などと呼ばれる）を行いました。また、2010年代現在シリア

とイラクの一部を支配している「イスラム国(IS)」も、「過激な」イスラム主義から派生したものといえるでしょう。

イスラム主義が台頭する一方、トルコは、イスラム教徒が多数を占める国でありながら、政治・経済に対するイスラム教の影響を排除する「世俗化」の路線を建国以来歩んできました。

そして近年は着実な経済成長を重ねた結果、有力な新興国のひとつとなっています。2000年代以降はイスラム教を政治などの公の場に持ち込む動きが強まりましたが、「世俗」的な人びとの自由も維持されています。

国によって方向性はちがっていて、混迷もみられますが、イスラム諸国は全体として自己主張を強め、世界での存在感を増しているのです。

以上のような**「新興国の台頭」あるいは「欧米以外の台頭」の動き**が、今後どうなっていくのか、確かなことはわかりません。しかし、その動きが今後の世界史の重要なポイントであることは、まちがいないでしょう。

📎「1900年代以降の現代世界」まとめ

1800年代末
- アメリカの台頭
  工業生産でイギリスを抜き世界1位に
- ドイツの台頭
  植民地獲得で先行するイギリスなどに不満

↓

1914〜1918
第一次世界大戦 ➡ ドイツ側敗北
ドイツ・トルコなど vs イギリス・フランス・アメリカなど

- ロシア革命 ソ連成立
- オスマン帝国崩壊 → トルコ共和国 → アラブの独立
- 東欧諸国独立

↓

1939〜1945
第二次世界大戦 ➡ 独・日など敗北
独・日・伊など vs 英・米・ソ連・仏・中国など

- アジア・アフリカの独立・建国
- 米国・ソ連強大化
- 東西冷戦

1970〜
- アジアの一部で経済成長が本格化
- 社会主義体制の行き詰まり

↓

1990〜
- 中国などの新興国の経済発展
- 1991 ソ連崩壊 冷戦終結
- イスラム主義の動き

第3部

世界史から現代を考える

ここでは、現在や未来の世界について考えることにつながるテーマに目を向けます。世界史の「中心」の「となり・となり」への移り変わりと広がりという視点から、今日的な問題も含めたいくつかの話題をみていきましょう。

なぜ「となり・となり」で
中心が移動するのか

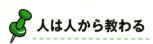 人は人から教わる

　本書では、「繁栄の中心が、となり・となりで移り変わっていく」という視点で、世界史の大まかな流れを述べてきました。つまり、世界史を大きくみわたすとつぎのような傾向や法則——「となり・となりの法則」がみられる、ということです。

- 世界史における繁栄の中心は、時代とともに移り変わる。
- 新しい繁栄の中心は、「中心」の外側で、しかしそんなには遠くない周辺の場所から生まれる。それは、世界全体でみれば「となり」といえるような場所である。
- そのような「となり」から、それまでの中心にとって代わる国や民族があらわれる。世界史は、そのくり返し。

　ではなぜ、繁栄の中心は「となり・となり」で移動するのでしょうか？

　それは「人は、人から教わる」ものだからです。ふたつの集団が地理的に近いところにあれば、おたがいが接する機会は多くなります。それで、いろいろ教わったり刺激を受けたりできます。書物やモノ（製品など）を通して教わる場合も同じです。距離が近いほうが、頻度が高くなります。

　しかし、さらに根本的なことがあります。「先人の肩に乗らなけ

れば、高いところには行けない」ということです。「ゼロからいきなり、多くを生み出すことはできない」といってもいいでしょう。どの民族も、先行する人びとに学んでいます。そのことは、本書の、とくに第2部を通して述べてきました。

 ### 創造のむずかしさと、紙の発明

ではなぜ、「先人の肩に乗る」必要があるのでしょうか？

身もふたもない話ですが、それは**創造というものが、それだけむずかしいことだからです。さまざまな努力や、一定の環境や、偶然などが重なってはじめて可能になる、一種の奇跡だからです。**大きな創造ほどそうだといえます。

ここで、「創造のむずかしさ」を示す例として、「紙の発明」をとりあげます。発明は、創造の典型的なあり方です。

紙が発明されたのは、かつては西暦100年（1900年前）頃の、後漢の時代の中国だといわれていました。しかし今は、紀元前100年代（2200〜2100年前）にもすでに紙の一種がつくられていたことがわかっています。西暦100年頃は「紙の製造の大幅な改良がなされた時期」ということです。

紙は、「樹や草などからとれる植物の繊維を溶液のなかでからみ合わせ、薄く平らにして固める」という方法でつくります。「紙以前」の中国では、木や竹を薄く・細く削った板をヒモで結びつけた「木簡」「竹簡」に文字を書くのが一般的でした。しかし、これは重くてかさばります。

また、紙以前に、紙と似たものもつくられていました。5000年前頃のエジプトで発明され、ギリシアやローマでも広く使われたパピ

ルスというものです。これはパピルス草という水草を薄く切ってタテヨコに貼りあわせてつくります。

しかし、パピルスには、紙のように折りたたんだり、綴じたりするだけの丈夫さがありませんでした。さらに、原料のパピルス草はエジプト周辺など限られた地域でしかとれないものだったので、生産量に限界がありました。一方、紙の材料に適した植物はいろいろあって、その土地ごとに適当なものをみつけることができたのです。

このように、紙というのはすばらしい発明でした。では、紙の製造法＝製紙法の発明は、一度きりのことだったのでしょうか？「このくらいの発明は、別のときにほかでも行われた」ということはなかったのでしょうか？

結論をいうと、**紙の発明は、世界史上一度きりのもの**でした。今、世界中で紙がつくられていますが、その起源をたどると、すべて中国での発明に行きつくのです。

製紙法は、中国で広がったあと、周辺のアジアの国にも伝えられました。日本には飛鳥時代の600年頃に伝わっています。

それから、中国の西のほうにも伝えられました。600年代後半にはインドの一部に、700年代末にはイスラムの西アジアの国ぐににも伝わりました。キリスト教圏のヨーロッパには、イスラムを通じて1200年代に伝わり、1400年代にはヨーロッパの広い範囲に製紙法が普及していました。

たしかに、現代にくらべれば伝わり方はゆっくりです。しかし、価値のある発明だったので、着実に広まっていったのです。 そして、製紙法が世界に普及するまでのあいだ、世界のどこかで、独自に製紙法が発明されることはありませんでした。

 **文字の発明**

 ほかに、大きな創造のむずかしさを示す例として「文字の発明」があるでしょう。

 文字をまったく独自に発明したことが明らかなのは、紀元前3200年（5200年前）頃のメソポタミアです。あと可能性があるのは、紀元前1300年（3300年前）頃の中国（黄河流域）くらいです。

 西アジアではシュメール人と呼ばれる人びとによって世界最初の文字が、中国では漢字の原型となった「甲骨文字」が生み出されました。現在のユーラシア大陸で用いられている、さまざまな文字のルーツをたどれば、すべてこの2つのいずれかに行きつきます。

 なお、エジプトでもメソポタミアに近い時期から文字がありますが、メソポタミアの影響を受けている可能性があるともいわれます。インドのインダス文明（紀元前2300～1700年頃）にも、固有の文字がありましたが、インダス文明もメソポタミアとの接触があったことがわかっています。

 中国での文字の成立については、ほかの文明との関係は明らかではありません。しかし、黄河文明（紀元前1600年頃～）は「四大河文明」のなかでは新しいので、外部からの影響があったかもしれません。

 いずれにせよ、**文字を使う民族のほとんどは、自分たちで独自に文字を生んだのではなく、先行するほかの民族の文字をみて学んだ**のです。

 このような例は、ほかにもあげられます。たとえば製鉄の技術も、そのルーツをたどると、おそらくは紀元前1500年（3500年前）頃の

ヒッタイトという国（今のトルコにあった）での発明または改良に行きつきます。あとは中国で独自に発明された可能性があるくらいです。

そして産業革命という、この数百年で最も大きな技術革新の波も、1700年代後半のイギリスという特定の場所からはじまったのでした。ほかの地域で独自に「産業革命」が起きることはなく、今は世界各地に広がった工業化の波は、もとをたどればイギリスでの技術革新に行きつくわけです。

以上を再確認すると、**「人は人から教わる」「自分たちだけで何もかもつくり出すのはむずかしい」「だから、先行する他者に学ばないといけない」**ということです。

そこで世界史では、「繁栄の中心」といえる高い文明を築いた隣人に学んで、それを十分に消化し、新しいことを加えることができた国や民族のなかから、つぎの新しい「中心」が生まれてきました。

ギリシア人、ローマ人、アラブ人、イタリア人、スペイン人、オランダ人、イギリス人、アメリカ人……みなそうなのです。

繁栄の中心で起こる「大企業病」

 文明・国家が衰退するとき

これまでみてきたように、「世界の繁栄の中心」といえるような各時代を代表する強国・大国は移り変わってきました。どれほど繁栄した国であっても、その勢いが永久に続くことはありません。「繁栄の中心が移り変わる」とは、それまでの「中心」が停滞・衰退し、新しい中心に追い越されていったということです。

では**なぜ、従来の中心は新興勢力に負けてしまうのでしょう？**それまで「繁栄の中心」だった国は、圧倒的な優位を築き、豊富なリソース（利用できる材料・資源）を持っているはずなのに。

これは「文明や国家が衰えるのはなぜか」ということです。昔から歴史家や思想家がテーマにしてきた大問題です。いろいろな説や視点がうち出されていますが、一筋縄ではいきません。

とはいえ、世界史の基本的な事実を追っていると、みえてくることもあります。それは、**衰退しつつある繁栄の中心では「成功体験や伝統の積み重ねによる、社会の硬直化」が起こっている**ということです。

繁栄の中心となった国・社会は、それまでに成功を重ねてきています。そのため、過去の体験にこだわって、新しいものを受けつけなくなる傾向があります。もともとは、先行するほかの文明や民族に学んだり、新しい発想を取り入れたりして発展したのに、そのよ

うな柔軟性を失って内向きになってしまうのです。

コダックのケース

　これを私たちは、国や文明よりも小さなスケールでよくみかけます。**成功を収めた大企業が時代の変化に取り残されて衰退していく**というのはまさにそうです。「大企業病」というものです。

　2012年に経営破たんしたアメリカのイーストマン・コダック社は、その典型です。コダック社は、写真フィルムの分野で世界最大の企業でした。世界ではじめてカラーフィルムを商品化するなど、業界を圧倒的にリードしてきました。しかし、近年の写真のデジタル化という変化のなかで衰退し、破たんしてしまったのです。

　これだけだと、「デジタルカメラの時代に、フィルムのメーカーがダメになるのは必然だろう」と思うかもしれません。

　しかし、世界の大手フィルムメーカーのなかには、今も元気な企業があります。日本の富士フイルムはそうです。そうした企業では、デジタル化に対応する事業や、フィルム関連の技術から派生した化学製品などに軸足を移していったのでした。

　コダックは、やはりどこかで対応を誤ったのです。何しろ、1970年代に世界ではじめてデジタルカメラの技術を開発したのは、じつはコダックなのですから。

　しかし、コダックは1990年代に大きなリストラを行い、のちに開花する技術や事業を売り払ってしまいました。内向きの姿勢で、人材やノウハウを捨ててしまったのです。そして、伝統的に高い収益をあげてきたフィルム関係の事業を「自分たちのコアの事業」として残したのでした。コダックはまさに「過去の成功体験にとらわれ

て、新しいものを受けつけなくなった大企業」でした。

かつての「中心」の大企業病

　世界史のなかでは、たとえば1800年代の中国やオスマン帝国は、そんな大企業病に陥っていました。**中国もオスマン帝国も、かつては「世界の繁栄の中心」といえる存在でした。しかし、1800年代になるとヨーロッパの列強から圧迫や攻撃を受け、明らかに劣勢**でした。

　そこで、ヨーロッパの技術などを受け入れる改革の動きもありました。そうした改革によって一定の成果や前進もありましたが、社会が大きく変わるには至りませんでした。

　たとえば、1870～1880年代の中国（当時は清王朝）では、有望な若者たちを政府の費用で欧米に留学させていました。

　しかし、その若者たちが留学から帰っても、なかなか重要な仕事に就けませんでした。1880年代に海軍学校の学生や海軍の若手数十名をヨーロッパに留学させたのですが、これらの留学生は"帰国後重く用いられず、おおむね海軍以外の仕事についた[*1]"といいます。海軍の発展を担うはずだった人材を、その方面では活かせなかったのです。また、1872年にはじまったアメリカへの政府留学生の派遣は10年ほど続けられましたが、"保守派の反対が強くて中絶した[*2]"のでした。これは、明治時代の日本で欧米への留学生が重く用いられたのとは、かなり様子がちがいます。

　このような留学生の派遣は、当時の中国ですすめられていた「洋務運動」という、欧米の技術や科学を導入する改革の一環でした。しかしこの改革は保守派の強い抵抗にあうなどして行き詰まってしまいました。当時の保守派は、英語などのヨーロッパの言語を学ぶ

ための教育機関の設置や拡充にも抵抗しています。

　1800年代半ばのオスマン帝国では、「タンジマート」と呼ばれる西欧化の改革が進められました。技術導入のため、イギリスなどから各分野の専門家を「お雇い外国人」として招きました。しかし、なかなか成果があがりませんでした。
　たとえば、オスマン海軍に招かれた何人ものイギリス人が"自分たちの助言がいれられず、改革が進まないことに失望し、オスマン帝国を去っていった[*3]"といいます。オスマン海軍では、士官学校に何人かの外国人教官をまねいたものの、人材の育成が進まず、軍艦や大砲の"操作にあたっては、外国人の技師や機関士に頼らざるをえない[*4]"状況が続いたのでした。
　これも、明治時代の日本人が外国人から熱心に学んで、短期間のうちに技術を習得して自立していったのとは異なります。

　1800年代の中国やオスマン帝国には、それなりの財力や組織もありました。さまざまなヨーロッパ人との接点があり、多くの新しい情報に触れることもできました。しかし、改革はうまくいきませんでした。保守的な抵抗勢力の力が強く、新しいことを吸収する意欲も弱かったのです。結局、中国の王朝もオスマン帝国も、1900年代前半に滅亡してしまいました。
　中国もイスラムの帝国も、ヨーロッパが台頭する前は「繁栄の中心」であり、新技術などの文明のさまざまな成果も生み出してきました。たとえば西ヨーロッパの発展の基礎になった「三大発明」といわれる、火薬・羅針盤・活字による印刷といった技術は、もともとは中国で発明されたものです。

しかし、中国ではそれを十分に発展させることはできませんでした。これは、コダックがデジタルカメラなどの、未来に花ひらく技術を開拓しながら、それを十分に育てることができなかった姿と重なります。

このような大企業病は、国家でも組織でも、さまざまな人間の集団で広くみられるものではないでしょうか。

だからこそ「繁栄の中心」は、永遠には続かないのです。**繁栄が続くと、どこかで大企業病にとりつかれて、停滞や衰退に陥ってしまう。そして、その停滞を「周辺」からの革新が打ち破る。その結果、新たな中心が生まれ、遅れをとった従来の中心は周辺になってしまう──そうしたことが、世界史ではくり返されてきました。**

中国やオスマン帝国のほか、ローマ帝国やイギリスでも、衰退期には大企業病的な硬直化がみられたのです。

*1, 2 坂野正高『近代中国政治外交史』東京大学出版会、1973
*3, 4 小松香織『オスマン帝国の近代と海軍』山川出版社、2004

柔軟さと寛容が失われると

 西ローマ帝国の滅亡とゲルマン人

ローマ帝国（60ページ）は西暦100年代に最盛期となりましたが、400年代にはその西半分＝西ローマ帝国が滅び、それまでの体制が大きく崩れることになりました。内乱や「ゲルマン人」といわれる人びとの帝国への侵入が、その直接の原因とされます。

しかし、外部からの侵入だけが西ローマ帝国の滅亡の原因ではありません。帝国内部での人びとの反応や対処の仕方にも問題があったのです。

ゲルマン人は、ローマ帝国の周辺であるヨーロッパの東や北の辺境などで素朴な暮らしをしていた人びとです。いくつかの系統の部族を、ばくぜんとまとめてそう呼ぶのです。

ゲルマン人はたしかに、西ローマ帝国の滅亡にかかわっています。410年には、西ゴート族というゲルマン人の一派の王である、アラリックの軍勢がローマ市を占領しました。476年にはローマの傭兵隊長だったゲルマン人のオドアケルが反乱をおこし、ローマ皇帝を廃位しています。これが「西ローマ帝国の滅亡」です。

しかし西ローマ帝国滅亡のずっと以前から、ゲルマン人はローマ帝国に入り込んでいました。 農業での労働力不足ということもあり、多くのゲルマン人が農民として移住していました。また、ゲルマン人兵士の戦力は、ローマ軍にとって欠かせないものになっていまし

た。

　さらに、政府高官に登用されるゲルマン人さえいました。そのような高官のゲルマン人は、立派なローマ的教養を身につけていました。西暦300年代には、ゲルマン人がローマ軍の司令官になるケースもありました。

　当時のローマでは、"すぐれた高位のゲルマン人に対するあこがれも生まれ、ローマ市内でローマ人が……ゲルマン風毛皮コートを着用し、ゲルマン人風の長髪をなびかせるなどの流行さえ生まれた[*1]"といいます。

　しかし、その一方で「反ゲルマン」の人たちも多くいたのです。「あいつらはしょせん野蛮人じゃないか」「あいつらのせいでローマの伝統のよさが失われる」「ローマにとって危険だ」というわけです。

　そのため、ゲルマン人のローマへの浸透とその活躍は、ネガティブな事件が起きると、とたんに終わりました。

　西暦400年代初頭には、当時の西ローマ帝国で最も権限をふるっていたスティリコというゲルマン人の高官に謀反の疑いがかけられ、処刑されてしまいます。

　この事件をきっかけに、ローマにおけるゲルマン人への対応は変わっていきます。帝国内に住む、ローマと同盟関係にあるゲルマン人の部族の人びとを、ローマ人が虐殺したりもしました。その結果、それらの部族の兵士３万人以上が、ローマと緊張関係にあった西ゴート族のアラリック王の軍勢に加わりました。

 人材の喪失による、政治・外交の衰え

　スティリコの処刑以降、ゲルマン人が西ローマ軍の最高司令官の

職につくことはなくなりました。しかし、ローマ人の後任者たちには、ゲルマン人の司令官ほどの能力はありませんでした。**ゲルマンのすぐれた人材を登用しなくなったことは、西ローマ帝国の政治をさらに衰退させました。**

当時、西ローマ帝国の近辺に拠点を構え、ローマにとって脅威となっていた西ゴート族に対しても、"外交交渉の拙劣さが目立った*2"といいます。

あげくに西ゴート族のアラリックの軍勢がローマ市を包囲した際の和平交渉で、西ローマ皇帝が西ゴート側を侮辱する書簡を送ったために、怒ったアラリックはローマ市内へ軍を進めたのです。

当時の西ローマの政権は、ゲルマン人を「まっとうな外交の対象」としてみていませんでした。それが相手の怒りを招きました。しかし、有能な司令官を欠くローマの軍隊は、アラリックたちの軍隊を防ぐことができず、410年、アラリックはローマ市を占領してしまいます（ただし、同年にアラリックは病死）。

もっと冷静に対応すべきだった

ローマ帝国は、ゲルマン人への対応を誤ったといえるでしょう。

西ローマの政権は、もっと冷静に対応すべきでした。まず、ゲルマン人をとにかく「人間」として認める。そのうえで、自分たちに敵対しない、あるいは有益であるなら、それなりの処遇をする。説得や妥協をすべき対象として、交渉する。

聖人のようである必要はありません。自分たちの立場や利益を優先し、自らの優位な点は利用するズルさがあっていいでしょう。

とにかく、損得を度外視したヒステリックな感情に走るのは、よい結果を生みません。**要するに「柔軟さ」や「寛容」を失ってはい**

けないということです。

ここで述べた**ゲルマンと西ローマの関係は、今現在の世界で起きていることを考える参考になる**はずです。

たとえば「西ローマ」は「欧米」に、「ゲルマン」は「アラブ」や「イスラム」に置きかえることができるでしょう。

あるいはローマ人の主流を、現代のアメリカ合衆国の白人になぞらえてみるとゲルマンにあたるのは、ヒスパニック、アジア人などの白人以外の人びとです。

現代のアメリカは、白人の比率が低下する傾向にあります。1960年にはアメリカの人口に白人が占める比率は85％でしたが、2010年には64％に下がりました。「2060年には白人の比率が4割程度になる」という予測もあります（アメリカのシンクタンク、ピュー・リサーチセンターが2014年に発表したデータ・予測）。

白人以外のアメリカへの移民や、人種間の結婚が増えたことで、そのような変化が起きたのです。そして、白人以外から政府高官や先端的な大企業の経営者など、社会を動かす人たちも続々と出てきました。

これは、かつてのローマ帝国でゲルマン人が浸透していった様子と重なります。つまり、**「文明の中心」に向かって「周辺」から多くの人びとがさかんに流れ込む動きが、現代の世界でもみられる**のです。近年の西ヨーロッパでも、中東などからの移民や難民の増加があります。

「周辺」から「中心」への人びとの流入は、さまざまなあつれきを生みます。現在（2010年代）の欧米諸国でも、イスラム教徒や非白

人全般に対する差別・排斥の動きは、たえずくすぶっています。それが激化する可能性は、今後もあるでしょう。

しかし、**「文明の中心といえるような大国であっても、柔軟さや寛容を失えば衰退と崩壊への道を歩む」**ということは、歴史の教訓として忘れてはならないはずです。現代の「文明の中心」の人びとは、古代のローマ人よりは賢いはずだと期待していますが、どうでしょうか?

*1, 2　弓削達『ローマはなぜ滅んだか』講談社現代新書、1989。この項のゲルマン人と西ローマの関係については、もっぱら弓削の本に沿って、話をすすめています。弓削も、発展途上国から先進国への移民や難民の流入と、ローマへのゲルマンの侵入を重ねあわせて論じています。

世界史を動かす「1番手」と「2番手」の関係

 ### 今の世界の最強の国・2番手の国

　今の世界で、最大・最強の国というと、どこでしょう？　多くの人は「アメリカ合衆国」と思うはずです。「衰退してきた」という見方もありますが、アメリカは今も最大の経済大国です。現在、アメリカのGDPは世界第1位で、世界全体の約2割を占めます。軍事力でも圧倒的な存在で、世界の国防予算の4割弱は、アメリカによるものです。

　このような、**その時代の世界で圧倒的な優位を占める支配的な強国を「覇権国」といいます**。ここではもう少し柔らかく「1番手」ということにします。

　では、アメリカに次ぐ大国・強国というと、どこでしょう？「2番手」の国ということです。それは一昔前なら、少なくとも経済にかんしては、日本でした。2000年当時、日本のGDPは世界第2位で、世界の15％前後を占めていました。

　しかし、その2番手の座は、2010年代に中国にうばわれてしまいました。現在の世界でGDP第2位は中国で、世界に占めるシェアは12％です。日本は3位で、シェアは7％。1位のアメリカは22％です（2013年現在）。

　経済大国となった今の中国は、軍備増強もすすめています。周辺諸国や国際社会への自己主張も強めています。今の中国は、世界の

2番手として自信を深めているのです。そして、1番手であるアメリカ中心の世界秩序に対し、挑戦的な姿勢を示すようになってきた、といえるでしょう。

この200～300年間における、世界の大国の興亡をみると、それぞれの時代の2番手が最大・最強の1番手に挑戦して、大きな戦争になる、ということが何度かくり返されてきました。

それは世界に大きな不幸や被害をもたらしました。そしてそのような戦争で、挑戦者の2番手はいつも負けています。その結果、国の体制の崩壊に至っています。

イギリス対フランス

これから「1番手と2番手の戦い」の例を、いくつかあげていきます。まず、1700年代のイギリスとフランスの戦い。この2国は、当時のヨーロッパの2大勢力でした。近代的な産業・経済の発展や植民地の獲得でイギリスは一歩リードしており、フランスはそれに対抗する存在でした。

1700年代に、両国は戦争をくり返しています。「スペイン継承戦争」「オーストリア継承戦争」「七年戦争」などです。これらの戦争はヨーロッパのさまざまな国がかかわっていますが、イギリスとフランスの争いは戦争の大きな要素でした。その争いは、当時英仏それぞれが植民地を持っていたアメリカ大陸などにも飛び火しています。

これらの一連の戦争にフランスは苦戦または敗北しました。そして、ばく大な戦費は、フランスの国家財政を破たんさせる原因となりました。

1700年代末にフランスでは「フランス革命」が起こって、ルイ王

朝による支配が倒されました。その背景には、財政破たんによる政治の弱体化や混乱がありました。つまり、1700年代に2番手のフランスは、1番手のイギリスに挑戦して敗れ、その影響で体制も崩壊してしまったのです。

ナポレオンの挑戦

しかし、フランスの挑戦の物語には、まだ続きがあります。フランスでは、革命がはじまってから10年ほどは、さまざまな混乱がありました。しかしその後、1800年頃にナポレオンが独裁的な権力を確立したことで、ようやく国がまとまりました。

フランス革命は、国王や貴族の支配を倒した革命でした。当時のヨーロッパ諸国のほとんどは王国です。そこで「革命が自国に及んでは大変」と、周辺諸国はフランスに軍事的圧力をかけてきました。

このときフランス軍を率いて戦い、外圧をはねのけたリーダーが、ナポレオンでした。やがて、勢いを得たナポレオンはヨーロッパの周辺諸国（イタリア、ドイツ西部、スペインなど）へ進軍し、つぎつぎと征服していったのです。

このような「ナポレオン戦争」は、「フランスとイギリスの戦い」という側面を持っていました。ヨーロッパの反フランス勢力のバックには、イギリスがいました。**ナポレオンの大活躍は「イギリスへの挑戦」でもあったわけです。**

しかし、ナポレオンは結局イギリスとの戦いに敗れました。イギリス軍の撃破をめざして大きな作戦を展開したりもしましたが、失敗しています。ほかに、ロシアとの戦いにも敗れるなどした結果、彼の政権は1815年には完全に崩壊しました。これ以後、フランスが

世界秩序に挑戦してイギリスなどの１番手と全面的に対立することはなくなりました。

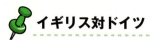 イギリス対ドイツ

ナポレオン以後の1800年代の世界はどうだったのでしょうか？ さまざまな戦争はありました。しかし「１番手と２番手のあいだの大戦争」はなかったのです。その意味で、世界情勢は比較的安定していました。

しかし、1900年代前半に、空前の規模で１番手と２番手の大戦争が起こりました。２つの世界大戦です。

そのときの２番手は、ドイツでした。ドイツは1800年代前半までは、一定の勢力ではあっても、世界で覇権を争うような存在ではありませんでした。いくつもの国に分かれていて、今のような「統一的な大国としてのドイツ」はまだ成立していなかったのです。

しかし1870年代に、今のドイツに匹敵する統一国家「ドイツ帝国」が成立して、大国としての姿をあらわします。この「ドイツ統一」は、日本が明治維新によって「いくつもの藩に分かれていた状態から、統一的な国家になった」のと似ています。

その後のドイツは大きく発展し、フランスをしのぐ、大陸ヨーロッパで最強・最大の国家となります。「大陸ヨーロッパ」とは、「イギリスを除くヨーロッパ」と考えればいいでしょう。

第一次世界大戦（1914〜1918）も、第二次世界大戦（1939〜1945）も、「新興の大国である２番手ドイツが、１番手イギリス（とその陣営）に挑戦した」というのが基本的な構図です。

1900年代初頭のドイツ帝国は、巨大な工業力や軍事力を持っていました。しかし、世界の植民地支配などではイギリスやフランスに

世界全体のGDPに占める主要国のシェア

	1820年	1870年	1913年
アメリカ	1.8%	8.9%	19.1%
イギリス	5.2%	9.1%	8.3%
ドイツ	—	6.5%	8.8%
フランス	5.5%	6.5%	5.3%
日本	—	2.3%	2.6%

アンガス・マディソン『経済統計で見る 世界経済2000年史』柏書房、2004より
ドイツ帝国以前のドイツ、明治維新以前の日本は省略

遅れをとっていました。そのような「遅れて発展した国」であるがゆえの不利な部分がいろいろあったのです。そのためイギリス中心の世界秩序に不満を持っていました。

第一次世界大戦（115ページ）は、イギリス・フランス・ロシアなどの陣営と、ドイツ・オーストリアなどの陣営の戦いでした。そしてドイツは破れ、イギリス・フランス側の勝利で終わりました。

なお、この戦争の後半には、アメリカもイギリス側で参加しました。日本は比較的小規模なかたちで、イギリス側で参戦しています。

上の表は、1800年代から第一次世界大戦前夜にかけての「世界のGDPに占める主要国のシェア」を示したものです。1900年代以前のGDPにかかわる統計の整備はまだ不十分で、上記の数値は研究者がさまざまな推定を重ねてどうにか算出したものですが、おおまかな趨勢をみるには使えます。

1820年にはアメリカのシェアはまだ小さく、イギリスとフランスは競り合っていました。1870年ではイギリスが1番で、アメリカがそれにほぼ追いついています。また当時の、統一がなされた時期の

ドイツは、フランスに匹敵する存在でした。

1913年には、アメリカが世界最大となり、一方でヨーロッパではドイツが最大となっています。

ただ、この頃のアメリカはまだ新興の勢力で、軍事力や文化の力を含めたトータルな実力では、イギリスをしのぐとはいえませんでした。このことはドイツも同様です。

アメリカがはっきりと世界の1番手になったのは、第一次世界大戦後のことです。それまでの1番手であったイギリスと戦わずして、「新チャンピオン」になったのです。

ヒトラーの戦争

第二次世界大戦（121ページ）は、アメリカ・イギリス・フランス・ソ連・中国などの「連合国」と、ドイツ・日本・イタリアなどの「枢軸国」との戦いでした。

この大戦をひき起こした中心は、ヒトラーが率いるドイツでした。**第二次世界大戦は、ドイツにとって「第一次世界大戦のリベンジ」という性格がありました。**第一次世界大戦で勝利したイギリス側は、負けたドイツに対し、ばく大な賠償金を課し、さらに二度と戦争ができないように軍備を大幅に制限しました。大戦後、ドイツでは経済が荒廃・混乱して国民は苦しんだにもかかわらず、重いペナルティを課したのです。

ドイツはその後立ち直り、1920年代には安定した時期もありました。しかし、1929年にはじまった大恐慌をきっかけに、ふたたび政治・経済は混乱しました。そんなドイツで「愛国」を強く訴えるなどして、支持を得たのがナチ党のヒトラーでした。

1933年に選挙を通して政権を得たヒトラーは、政治的手腕を発揮して、大恐慌後の経済の混乱をおさめることに成功しました。そして国民の圧倒的な支持をもとに絶対的な独裁者になったのでした。

　その後、ヒトラーは軍備の増強をすすめます。「ドイツによるヨーロッパ制覇」がヒトラーの目標でした。1930年代後半になると、ヒトラーは目標の実現に向けて、周辺諸国への侵略をはじめました。途中までは連戦・連勝、一時はフランスを含め、大陸ヨーロッパの主要部をほぼ制圧してしまいました。

　しかし結局、イギリス・アメリカ・ソ連との戦いに敗れて、ナチス・ドイツの体制は崩壊します。戦後、ドイツは東西に分割され、1990年に再統一されるまで、その状態が続きました。分割されたドイツは小粒になって、2番手ではなくなりました。

アメリカ対ソ連

第二次世界大戦後は、新しい1番手と2番手の時代になりました。新しい1番手は、アメリカです。2番手は、ソ連（ソヴィエト社会主義共和国連邦）です。

　ソ連は、1917年にそれまでの帝政ロシアの政権が倒されて成立した、社会主義国家です。社会主義体制となったロシアは、1920年代にはウクライナ、白ロシア（現ベラルーシ）等の周辺諸国を併合して、巨大な連邦国家をつくりました。それが「ソヴィエト社会主義共和国連邦（ソ連）」（1922年成立）です。この国は1991年の体制崩壊まで続きました。

　アメリカは、第二次世界大戦後には世界のなかで圧倒的な存在になっていました。アメリカじたいがさらに発展したことに加え、イギリスが戦争のダメージや多くの植民地を失うことなどによって、

勢いをなくしたからです。

そんななか、新しい「超大国」としてソ連も頭角をあらわしてきたのでした。ソ連は、巨大な連邦国家を築くだけでなく、ポーランド、チェコスロバキア、ハンガリーなどの東ヨーロッパ諸国を属国化して「社会主義国の陣営」を組織し、その絶対的なリーダーとなりました。

その結果、世界のおもな国ぐには「アメリカを中心とする資本主義の陣営」と「ソ連を中心とする社会主義の陣営」に分かれて対立するようになりました。**米ソの対立は1950〜1960年代にはとくに深刻となり、一時は核戦争さえ起きかねない状況でした。「東西冷戦」の時代です。それは、戦争に準じた状況だったといえるでしょう。**

冷戦時代のソ連には勢いがありました。1950年当時の世界で、ＧＤＰが最大だったのはアメリカで、世界のＧＤＰの27％を占めていました。そして、第2位はソ連で、10％を占めていたのです。3位はイギリスで、7％でした。

また、1957年に世界ではじめて人工衛星を打ち上げたのも、1961年に初の有人宇宙飛行に成功したのもソ連でした。そのような力があったからこそ、アメリカに対抗できたのです。

しかし、ソ連の勢いは続きませんでした。ソ連の社会主義体制には、非効率で理不尽で、人びとの創意やエネルギーを損なうところがありました。1970年代以降は、ソ連のさまざまな歪みがしだいにはっきりしていきます。1980年代には、政治も経済も明らかにボロボロになり、科学技術でも西側に大きく後れをとるようになりました。1980年代後半にはゴルバチョフという改革者があらわれて再編成を試みますが、1991年にソ連は崩壊してしまいました。

つまり2番手ソ連は、1番手アメリカとの戦いに敗れ、崩れ去ったのです。自滅していった、ともいえるでしょう。

 日本の挑戦と後退

ソ連のあと、強力なアメリカへの挑戦者はあらわれていません。ただし、**1980年代の日本は「2番手の経済大国として、アメリカに経済の戦いを挑んだ」といえる**のかもしれません。

高度経済成長（おもに1950～1960年代）を経た日本は、1960年代末には西ドイツを抜いて「西側諸国のなかでGNP（≒GDP）第2位」の経済大国になりました。1990年代には、日本のGDPは世界の15％前後を占めていました。これは、世界1位の当時のアメリカに対し、5割かそれ以上の規模です。

1980年代には、自動車などのさまざまな日本の工業製品が世界を席巻しました。自動車をはじめとする日本からの大量の輸出品が、アメリカの国内産業をおびやかしたために、両者のあいだの政治的対立、つまり「貿易摩擦」がとくに深刻化しました。

しかし、そのような日本の勢いは続きませんでした。1990年代初頭の「バブル崩壊」以降、日本経済は長い低迷期に入ります。世界のGDPに占める割合も低下するなど、世界のなかでの存在感も薄れてきています。2013年現在の日本のGDPのシェアは世界の7％で、アメリカ（22％）の3割ほどになっています

1980年代から今日に至る日本は「2番手として平和的に経済の面でアメリカに挑戦し、敗れ去った」といえるでしょう。

 **中国の台頭**

　そして、**2010年代の今、中国という新しい２番手が姿をあらわしてきました。この新しい２番手がどのようなスタンスや行動をとるかで、世界は変わってきます。**

　中国の人びとはここで述べてきたことを踏まえておいたほうがよいのではないでしょうか？　「２番手が戦争というかたちで１番手に挑戦するたび、世界は大きな混乱や不幸にまきこまれてきた」こと、そして「その場合、つねに２番手は１番手に負けてきた」ということです。

　そういうと、「アメリカによる世界支配を肯定するのか」と思う人がいるかもしれません。でもこれは「アメリカの覇権を手放しで肯定する」のとは別のことだと思っています。

　ここで確認したいのは、中国が未来の世界の１番手をめざすとしても、そのために戦争という手段をとってはならない、ということです。そのような挑戦（戦争）が世界にとってはもちろん、中国自身のためにもならないことは、歴史の経験からも明らかです。

　もしも中国が１番手になるとすれば、かつてのアメリカのように自らの成長・発展を積み重ねた結果として、従来の１番手を乗り越えていくしかないのです。

「となり」の欧米、アメリカ

 日本に最も影響をあたえた欧米の国は？

　日本が経済大国として世界の「繁栄の中心」のひとつになったのは、1900年代後半のことです。もう少しくわしくいうと、1950～1960年代にあった「高度経済成長」という急速な発展のあとの、1970年頃からです。それ以降、日本はとくに経済の面で欧米の先進国と肩を並べるようになったのです。そしてそれは、明治維新（1868）以来、「欧米諸国に追いつこう」として近代化をすすめてきた成果です。

　その欧米諸国のなかで、日本に対してとくに影響の大きかった国をあげるとすれば、それは、アメリカ（アメリカ合衆国）ではないでしょうか？　その影響の良し悪しということはとりあえずおいて、ほかの国と比較しての「影響の大きさ」で考えることにします。すると、やはりアメリカではないか、ということです。

　アメリカは、じつは日本にとって最も近くにある、「となり」の欧米です。アメリカ（西海岸）は、日本からみて太平洋をはさんだ向こう側にあるのです。ヨーロッパよりもずっと近いです。

　そもそも、日本が近代化への第一歩をふみだすきっかけは、幕末にアメリカの軍艦＝黒船がやってきて、外交関係を結ぶ開国をせまったことでした。当時の日本は、200年あまりのあいだ、オランダ

を例外として、欧米諸国とのつきあいを絶つ鎖国政策を続けていました。

その後徳川幕府は、鎖国を終わらせることになる条約をアメリカと結びました。鎖国をやめて以後はじめての外交使節団が送られた先も、アメリカでした。幕府が1860年に、アメリカに使節を派遣したときがそうでした。この使節団に随行した西洋型軍艦・咸臨丸の乗員には、勝海舟や若き日の福沢諭吉がいました。

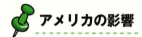 アメリカの影響

それから、あまり知られていませんが、**明治初期には、日本人の留学先のトップはアメリカでした。アメリカに熱心に学ぼうとしていた**のです。

アメリカ文化の研究者・亀井俊介氏が引用する統計によれば、"明治元年から七年まで……五五〇人中二〇九人……の留学生がアメリカに行っており、二位のイギリスをだんぜん引き離していた[*1]"といいます。

そして、第二次世界大戦では、日米の全面戦争がありました。その結果、日本は完敗して1945年から52年までアメリカに占領されました。そして、アメリカの占領軍の主導で、さまざまな政策・改革が行われました。

占領の時代がおわったあとも、アメリカは、日本に大きな影響を与えつづけました。音楽・映画・ファッションは、いうまでもありません。外交などの政治についてもそうです。自動車や家電の産業も、アメリカの模倣からはじまりました。スーパーマーケットもコンビニも、もとはアメリカにあったものを日本に持ってきたのです。

このようにアメリカの影響が大きかったのは、ひとつには1900年

代が「アメリカの時代」だった、ということがあります。アメリカは、日本だけでなく世界中の国ぐにに影響をあたえてきました。

しかし、それだけが理由ではありません。さきほど述べたように、日本からみれば、アメリカは「最も近くにある欧米」です。日本とアメリカの西海岸は、太平洋をはさんで「となり」どうしの関係にあります。

これは、イギリスとアメリカの東海岸が、大西洋をはさんで「となり」どうしであるのと、同じようなことです。これに対し、日本からみてヨーロッパは、はるかに遠いところにあります。

アメリカという、「となり」の中心的な大国から影響を受けた日本——このように、**日本の繁栄についても、「従来の中心の近くから、新しい中心が生まれる」という「となり・となりの法則」が成り立っています。**文明が「アメリカ→日本」というかたちで伝わっています。

ヨーロッパの影響も大きい

もちろん、ヨーロッパも日本に大きな影響をあたえました。とくに明治維新のあった1800年代後半は、イギリスが「世界の中心」といえるほどに繁栄した時代ですので、当然その影響が大きかったのです。

また、**ドイツにも大きな影響を受けました。日本人の留学先は、明治時代の半ば（明治20年代）からはヨーロッパ、とくにドイツにシフトしていきます。**

明治25年から30年までの「文部省派遣留学生」の統計をみると、

留学先のトップはドイツとなり、フランス、イギリスがこれに続き、アメリカは4番手になりました[*2]。

「なぜ、ドイツだったのか」を少し補足しておきます。明治時代の日本は、君主としての天皇を頂点とする政治体制でした。それに対してアメリカは、君主のいない「共和制」でした。選挙で選ばれた大統領が国のトップです。「自由と（法的な）平等」が重んじられ、君主や貴族といった、生まれながらの特権階級に批判的な傾向が強かったのです。

　一方、当時のドイツは「皇帝」を頂点とする君主制でした。しかもそれは比較的最近（1870年頃）になって成立した新しい体制で、その新体制のもとで急速に国の勢いを伸ばしていました。科学や技術の分野でもめざましい成果をあげていました。そこで、明治の新体制が成立したばかりの日本にとって、いろいろ参考になると考えたのです。

　しかし、ヨーロッパの影響が強くなったあともアメリカの影響は続きました。とくに、アメリカが新しく「繁栄の中心」になった1900年頃以降は、その影響はさらに大きくなったといえるでしょう。電灯、蓄音機、映画、飛行機など、現代的な文明の利器の多くは、アメリカから入ってきたものです。明治末から大正にかけての、日本で民主主義的な考え方が有力になった「大正デモクラシー」の時代には、アメリカは第一のお手本でした。

日本とアメリカの貿易

　以上の経緯は、たとえば日本の貿易（輸出入）のデータにもあら

日本の貿易相手の地域別割合

1875～79年（明治8～12）

	輸出	輸入
アジア	25%	24%
欧州	46%	68%
北米	29%	7%

1900～04年（明治33～37）

	輸出	輸入
アジア	43%	45%
欧州	24%	36%
北米	31%	17%

1925年～29年（大正14～昭和4）

	輸出	輸入
アジア	43%	42%
欧州	7%	18%
北米	44%	31%

安藤良雄編『近代日本経済史要覧 第2版』東京大学出版会、1979より

われています。貿易をみるのは、それが多く行われていれば、「国どうしのつき合いが深く、影響を受けやすい」と一般にいえるからです。

　明治以降（昭和初期まで）の日本の輸出入額を、「アジア州」「欧州」「北米」といった地域別の割合でみると、上の表のとおりです。

　明治時代の前半には、「欧州（ヨーロッパ）」との貿易の割合が最も大きいです。近隣のアジアよりも多いのです。しかしその後（明治中期以降）、アジアの割合が増えて、「ヨーロッパ」は減っていきます。さらに後には、「北米（アメリカ合衆国とほぼイコール）」の

割合も大きく増えます。

　この貿易額の推移は、これまでに述べてきた、「日本とアメリカの関係の深さ」を、おおむね裏付けていると思いますが、どうでしょうか？　とくに、このデータからは「昭和初期には、アメリカは日本にとって最も重要な貿易相手（少なくともそのひとつ）だった」ということがうかがえます。

関係の深い国とは対立することも

　日本とアメリカは、1941〜1945年（昭和16〜20）に、全面戦争をしました。**戦争というのは、険悪で疎遠な相手とのあいだで起きることもありますが、「関係が深い相手と、利害がぶつかって起きる」ケースが多いのです。**

　つきあいが深いと、そのぶん対立が頻繁になったり、深刻化したりすることがあります。早い話、よく戦争になるのは、遠くの国どうしより、となりどうしです。**日米の戦争は、そのような「となりにある、関係が深い者どうし」の戦争だった**のです。

*1,2　亀井俊介編・解説『アメリカ古典文庫23 日本人のアメリカ論』研究社、1977。この項はおもに亀井による同書の解説にもとづいている。明治初期の留学生の統計は石附実の著作による。

鉄道をつくったお金の流れ

イギリスでの鉄道のはじまり

　世界初の鉄道の営業は、1825年にイギリスではじまりました。ストックトンとダーリントンという町を結ぶ40キロメートルほどの区間で、蒸気機関車が走ったのです。1830年にはリバプール〜マンチェスター間で、より本格的な鉄道路線が営業を開始しました。

　その後、鉄道はイギリスの国中に、そして世界に広がっていきました。日本では、1872年（明治5）に新橋〜横浜間で最初の鉄道が営業を開始しています。**鉄道によって、人やモノを大量に・速く・広範囲に運ぶことができるようになり、社会は大きく変わりました。**

　最初の鉄道ができてから二十数年後の1850年頃には、イギリスの鉄道の総延長は1万キロに達しました。イギリスではこの時期までに"主要都市をむすぶ鉄道網が完成していた[*1]"といいます。

　イギリスの鉄道の総延長は、1920年代に最大の3.8万キロとなりました。しかしその後は、自動車の普及で鉄道の利用が減って、多くの路線が廃止されていきました。

　2000年現在、イギリスの鉄道の総延長は1.6万キロで、日本は2.7万キロです（JRと私鉄の合計）。日本のほうが多いですが、日本の国土面積が38万平方キロであるのに対し、イギリスは24万平方キロで、日本のほうがやや広いです。

　170ページの図表は、イギリスの鉄道の総延長の変化をグラフに

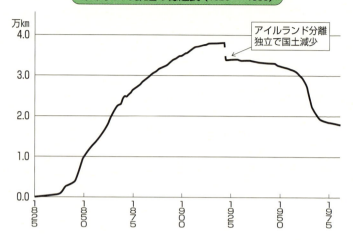

したものです。

　また、このグラフを「片対数グラフ」というものに書きかえたのが、171ページの図表です。タテの軸の目盛りが一定の間隔ごとに10倍になるようにふってあるのが、このグラフの特徴です。

　片対数グラフは、「成長の勢い」をみるのに便利なグラフです。片対数グラフでは、成長の勢いが一定なら線の傾きも一定になります。

　片対数グラフでみると、1850年頃までの成長がとくに急速であるのが明らかです。イギリスの鉄道は、はじめての路線が開通してから早い時期に急速に整備がすすんだのです。

どのような資金でつくられたのか？

　ところで、鉄道をつくるには、お金（資金）がかかります。では、最初の鉄道ができてから最初の数十年の間、イギリスの鉄道は、ど

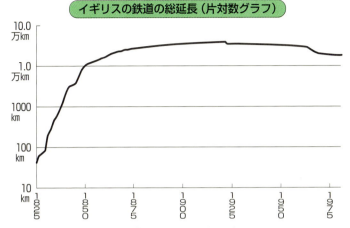

データ出典：B．R．ミッチェル『イギリス歴史統計』原書房、1995より

のような資金によってつくられたと思いますか？

「政府が国の予算（税金）で、公共事業としてつくった」「貴族などの少数の大金持ちが、お金を寄付してつくった」などと考える人もいるかもしれません。

しかしじつは、1800年代のイギリスの鉄道は、「民間で資金を出しあって株式会社を設立し、その事業として運営された」のでした。株式会社とは、典型的にはつぎのようなしくみです。

・まず、誰かが「こういう事業を行いたい」という計画をかかげて「そのためにお金を集めたい」と呼びかける。
・それに賛同する人たちがお金を出しあう（「出資」という）。1人の出した金額は大きくなくても、多くの人が出しあえば、大きな資金になる。
・その資金を、事業を経営する意欲や能力がある人に託し、会社の

経営者になってもらう。経営者は、資金を使って事業を行う。
・事業の利益が出たら、お金を出してくれた人＝出資者に、出してくれた出資金の額に応じて利益が分配される（この分配金を「配当」という）。

株式会社のしくみには、時代や国によっていろいろなちがいがあります。しかし、その最も基本的なしくみは、以上のとおりです。「経営者のほかにおおぜいの出資者がいる」というのが重要な点です。

世の中には「事業をはじめたいが、必要な資金がない」という人がいます。一方で「余ったお金があるが、事業を自分で経営するだけの意欲や能力はない」という人もいます。

株式会社というしくみがあると、「資金が必要な人」と「お金が余っている人」をむすぶお金の流れが生まれます。それで、新しい事業がはじまります。

1800年代当時、イギリスのおおぜいの人びとが鉄道という新しい事業に期待をかけて、出資・投資をしました。株式会社のしくみがなかったら、鉄道のように多くの資金が必要な事業をおこすのは、むずかしかったでしょう。

新しい鉄道会社の大部分が成功して利益をあげることができたので、ますます多くの資金が鉄道事業に集まるようになりました。そうして、鉄道網が急速に広がっていったのです。

鉄道ができたのは、蒸気機関などの機械の技術が発達した結果です（蒸気機関の実用化は1700年代後半）。しかし、**機械の発明だけが重要なのではありません。株式会社のような社会的なしくみの発明も、非常に重要なのです**。

1700年代イギリスの道路整備

　今度は、100年ほど時代をさかのぼります。1700年頃のイギリスでのことです。当時の最も進んだ交通手段は、陸上では馬車でした。この頃のイギリスでは、商工業の発展で、馬車で人やモノを運ぶことがますます増えていました。

　馬車がスムースに通るためには、道路が砂利や石などで舗装されている必要がありました。しかし、舗装やメンテナンスが不十分で、デコボコがひどかったり車輪がめりこんだり、という道路が少なくありませんでした。

　交通量が増えるにつれて、道路の傷みはますますひどくなりました。そこで、道路の整備を求める声が強くなり、1700年代には、イギリスの国中のおもな都市を結ぶ道路（幹線道路）について、舗装などの整備が行われました。

　この際も、鉄道の場合と同じように、各地でつくられた「有料道路会社」が重要な役割を果たしました。有料道路会社とは、「多くの人から集めた資金で道路の整備を行い、道路の利用者から通行料を受け取って収益を得る」事業です。

　有料道路会社は、今の株式会社とはちがう点がいろいろあります。ただし、「おおぜいの資金に支えられている」という点で、有料道路会社も広い意味での株式会社の一種とみることができるでしょう。

　道路会社ができる以前、幹線道路の補修は、地域住民が無償で働くことで行われていました。これは法に定められた義務でした。しかし、専門家でない人たちが強制的にやらされるのです。その仕事の質や効率は低いものでした。

こうしたやり方は、商工業が発達して交通量が増えると、現実にそぐわなくなっていきました。時代に即した新しい方法が求められたのです。そんなとき、社会の新しい要求にこたえたのは、政府ではなく民間の人びとの試みでした。それが有料道路会社です。

当時はイギリスのような進んだ国でも、政府が道路整備のような公共事業を行う予算は、かぎられていました。

たとえば、1700年頃（1698～1701）のイギリスの政府予算の使いみちは、「軍事費」が約7割、国債の「利払い」が約2割、「民生費」（公共的なサービスが含まれる）が約1割、となっています[*2]（これは戦争がなかった「平時」の数字ですが、軍事費が優先されていました）。

株式会社のしくみを公共のサービスに

株式会社の原型は、1500～1600年代にイギリス、オランダなどのヨーロッパの先進国で生まれました。初期の株式会社の中心は、海外との貿易を目的とするものでした。海外に向けた船や積み荷を用意して乗組員を雇うには、多くの資金が必要です。その資金をおおぜいで出しあって、貿易で儲かったら利益を分けあう、というものです。

有料道路会社は、こうした「人びとがお金を出しあって設立する、事業の組織」というしくみを「社会全体に役立つサービス」に応用したものです。 このしくみは、これまでの「住民による道路の管理」にくらべると、はるかによくできていました。

会社にお金を出した人も経営者も、事業がうまくいけば、利益や報酬を手にします。道路工事で働く人たちは、タダ働きではなく賃金が支払われます。**関係する人たちが、それぞれに個人的な利益を**

得ながら、「使いやすい整備された道路」という社会の利益を実現できるのです。

最初の有料道路会社は、1600年代後半につくられましたが、各地でさかんにつくられるようになったのは、1700年代になってからです。出資者の中心は地元の有力な地主たち、つまり相当な資産家たちでした。

しかし、時代が下るにつれその層は広がっていき、商人や製造業者などの、より小粒な金持ちも含まれるようになりました。のちの鉄道会社の時代になると、出資者の層はさらに広がりました。

道路会社→運河会社→鉄道会社

道路会社よりも少し遅れて、1700年代後半～1800年代前半には「運河会社」というものもさかんにつくられました。

イギリスでは、河川や運河による輸送が重要な役割をはたしていました。運河の建設には、道路以上にお金がかかるのですが、それを株式会社のしくみを使って進めていったのです。

そして、有料道路会社→運河会社と受けつがれてきた株式会社のしくみは、1800年代には鉄道会社に受けつがれ、さらに発展したのでした。

1800年代後半には、鉄道会社が「会社組織の最も進んだ形」になっていました。そして、**製造業などの鉄道以外の会社も、鉄道会社を自分たちの組織運営のお手本にしました。イギリスの鉄道会社は「現代的な株式会社の元祖」といっていいのです。**

そのルーツをたどると、1700年代の有料道路会社はとくに重要ということになります。

近代社会というもの

　鉄道が普及するとともに、道路会社は採算がとれなくなり、道路整備はもっぱら政府の仕事になっていきました。鉄道も採算がきびしくなって、現代では政府が経営しているケースも少なくありません。このように「時代の変化で採算がとれなくなったが、社会に必要なサービス」は、政府の仕事になります。

　なお、イギリスよりも遅れて鉄道の整備がはじまったほかのヨーロッパ諸国や日本では、株式会社による鉄道建設と並んで、政府による鉄道建設も行なわれました。

　そもそも1872年に開通した日本で最初の鉄道（新橋～横浜間）は、政府によって建設されたものです。そして、明治時代の後半の1905年（明治38、日露戦争の頃）の日本の鉄道路線の総延長は7800キロほどでしたが、そのうちの2600キロが政府の鉄道で、5200キロが民間鉄道会社の路線でした。この翌年（1906年）からは国の政策によって鉄道の国有化が急速に進められるようになります。

　社会のさまざまなサービスをつくり出す存在として、やはり政府も重要です。

しかし、時代の先端をきりひらく、本当に新しいサービスを生み出す主役は、やはり会社などの民間の組織です。

　鉄道も、かつては新しいサービスでした。それを世界で最初に生み出したのは、政府ではなく株式会社でした。このように「公共的」と思われるサービスでも、そうなのです。そして、そのような会社に特別な大金持ちだけでなく、さらに広範囲の人たちも出資していたのです。

会社とは「社会に必要なサービスを提供するために、人びとが自らつくり出したもの」です。

　現代では、1700～1800年代のイギリス以上に「会社をつくること」も「会社に期待して出資・投資すること」も、ずっと幅広い人たちが行えるようになっています。会社をつくることや、それを出資などで支援することは、これからもますます盛んに行われるでしょう。

それが「近代社会」というものです。多くの人びとによるさまざまな実験や挑戦が可能な社会。参加する人たちがそれぞれの利益を追求しながら、公の利益も実現される。いつもできるとはかぎりませんが、少なくともそれが可能であるとはいえるでしょう。

　人びとが資金を出しあって有料道路会社をつくった1700年代のイギリスは、本格的な近代社会の先駆けでした。世界史のなかでこれまでになかったタイプの社会が、当時の西ヨーロッパの一画に、はっきりと姿をあらわしたのです。

*1　マルカム・フォーカス、ジョン・ギリンガム編著『イギリス歴史地図』東京書籍、1983
*2　パトリック・オブライエン『帝国主義と工業化』ミネルヴァ書房、2000

「近代化＝模倣」のむずかしさ

近代化という課題

　アジア・アフリカ諸国の多くは、1900年代前半から1960年頃までに、欧米の植民地支配から脱して独立しました。

　また、トルコ（オスマン帝国）や中国（清）は欧米の植民地にはならなかったものの、1900年代前半に従来の王朝による支配を倒す革命が起こり、現在につながる建国がなされました。

　そして、独立や建国を果たしたあとのアジア・アフリカ諸国は「近代化」を目標に歩みはじめました。欧米人の生み出したものを自分たちも手に入れて、発展していこうということです。

　近代化の中心課題は、経済成長です。国の経済を発展させ、貧困から抜け出す。

　しかし、独立・建国後のアジア・アフリカ諸国の多くは、しばらくのあいだは思うような経済成長を実現できずにいました。一定の経済成長はありました。しかし、その成長の勢いは、平均してみると欧米や日本などの先進国を下回るものでした。1950〜1960年代はそのような状態が続きます。

　1950〜1973年における西ヨーロッパの１人当たりＧＤＰの年平均成長率は、4.1％でした（各国の合計による）。アメリカは2.5％、高度成長期だった日本は8.1％。一方、日本を除くアジアの成長率は2.9％、アフリカは2.0％です。

1950〜2003の1人当たりGDP成長率

	1950〜1973	1973〜2003
西ヨーロッパ	4.1%	1.9%
アメリカ	2.5%	1.9%
日　本	8.1%	2.1%
アジア	2.9%	3.9%
アフリカ	2.0%	0.3%

アンガス・マディソン『世界経済史概観 紀元1年—2030年』岩波書店、2015より

2013年の経済成長率（GDPの増加率）

	2013年
ユーロ圏≒西欧	−0.3%
アメリカ	1.5%
日　本	1.6%
中　国	7.7%
インド	6.9%
ASEAN5＊	5.1%
サハラ以南アフリカ	5.2%

IMFの世界経済見通しより。物価変動を勘案した実質値
＊ASEAN5は東南アジアの主要5か国

　この数字は、経済成長の勢いをあらわすものです。つまり、**この時期（1950〜1973）のアジア・アフリカの経済成長率は、欧米などの先進国よりも低い傾向にあった**のです。

　しかし、これ以降、アジアの経済成長の勢いは先進国を上回るようになります。1973〜2003年における、日本を除くアジアの1人当たりGDPの年平均成長率は、3.9％でした。西ヨーロッパとアメリカは1.9％、日本は2.1％です。先進国の成長率が低下する一方で、

アジアが伸びてきたのです。

一方、この時期のアフリカではかなりの国で内戦などの混乱が激しく、成長率は0.3%と落ち込んでいます。

その後も「アジアの成長が先進国を上回る」傾向は続いています。さらにはっきりしてきた、といえるでしょう。アフリカでも2000年代になると、一定の経済成長がはじまりました。

 ## 近代化とは「模倣」である

なぜ、近年になってアジア・アフリカの発展が順調になってきたのでしょうか？

これは、「となり・となり」という視点から考えることができます。本書ではこれまで、「世界のなかの中心的な先進国が周辺に影響をあたえ、影響を受けた地域で発展がおこる」ということをみてきました。

影響を受けるとは、「学ぶ」といってもいいでしょう。自分たちより進んだ技術に学ぶことは、その国の発展にとって必要です。

だから、**経済発展が順調に進んでいるのは、そのような先進国に対する「学び」「模倣」がスムースに行われているということ**です。「先進国のすぐれた点に学ぶ」なんて、あたり前のことだと思うかもしれません。

でも、「すぐれたものにきちんと学ぶ」というのは、結構たいへんなことなのです。

そこに至るには、乗り越えるべき障害がじつはいろいろとあります。とくに大きな障害は「プライド」です。このことを、1950〜1970年代に活躍したエリック・ホッファーという思想家が、つぎのように表現しています。

"近代化とは基本的には模倣——後進国が先進国を模倣——の過程である……そして、……自分よりもすぐれた模範(モデル)を模倣しなければならないときに苦痛を感じさせ、反抗を起こさせる何かが心の中に生じはしないだろうか……後進国にとって模倣とは屈服を意味する"
(『エリック・ホッファーの人間とは何か』河出書房新社、2003 田中淳訳)

つまり、**近代化とは「欧米先進国を模倣すること」であり、プライドを傷つける面がある**ということです。しかし、模倣に対する嫌悪や屈辱感を乗り越えていかないかぎり、まともに学ぶことはできません。
「模倣がプライドを傷つける」という感覚は、個人にとってはわかりやすいはずです。「お前のしていることは人のマネだ」といわれるのは、ふつうはイヤです。それが国家や社会というレベルでもあるのではないか、ということです。

最初のうちは、先進国を模倣することに抵抗している段階がある。しかし一定の試行錯誤のあと、それを克服して、外の世界に積極的に学べるようになっていく。その結果、経済成長が軌道に乗っていく……。

独立・建国以後のアジア諸国の動きをみると、たしかにそのようなことがありました。「模倣への抵抗から、積極的な模倣へ」という過程があったのです。中国やインドの事例はその代表的なものです。

中国の「大躍進」

　中華人民共和国の建国から10年ほど経った1958年、中国では毛沢東によって、「大躍進」という経済発展の方針が打ち出されました。「国家主導のビジョンに基づいて、急速な経済成長をなしとげる」というものです。

　大躍進の特徴はまず、それが徹底的に国家主導のものであったことです。そしてもうひとつは、その計画をできるかぎり自前の技術・ノウハウでやり遂げようとしたことです。先進国から技術者を招いたり企業を誘致したりはしません。欧米からはもちろんのこと、もとは友好関係にあったソヴィエト連邦からも、大躍進の頃（1950年代末）から関係が悪化し、その支援を受けることはなくなりました。

　そこでとくに重視されたのは、鉄の大幅な増産でした。鉄はすべての工業の基礎となる材料である。だから経済発展はまず鉄の増産からだ——そう考えたのです。大躍進では、「15年後には鋼鉄の生産量でイギリスを追い越す」という目標がかかげられました。

　鉄の増産のための切り札は、「土法高炉」というものでした。これは、土やレンガなどでつくった小型の簡易な溶鉱炉のことです。これを各地に何十万も建設して製鉄をさかんにしようとしたのです。土法高炉は、「自前で」という精神を象徴するものでした。

　しかし、**このような大躍進の運動の結果は、悲惨なものでした。たしかに鉄の増産はそれなりに達成できました。ただし、"土法高炉で生産された鉄で利用可能だったのは、三分の一にも満たなかった**[*1]**"**といいます。

　このような粗製濫造（粗悪品をやたらとつくること）は、大躍進

のときの工業全般にみられたことでした。こんなことでは、経済の「大躍進」などムリな話です。

さらに、この時期に農村の労働力の2割（かそれ以上）が工業や建設事業などに動員されたことや、さまざまな農業政策の失敗などから食料生産が大きく落ち込み、大飢饉が起こりました。それによって、1959〜1961年の3年間で、1600万人から2700万人が餓死したと推定されています（「4500万人」[*2]という説もあります）。

📌 インドの「自前主義」

中国のように、いわば「自前主義」で発展していこうという発想は、1947年に独立したあとのインドでもみられました。

インドでは、かつての（大躍進の頃などの）中国とはちがって、民間の企業活動が一応は認められてきました。しかし、国家による経済への介入や統制は積極的に行われました。国有企業が経済に占める役割も大きく、ソ連や中国とはちがったかたちでの「社会主義」的なところがありました。

インドの経済政策で重視されたのは、「すべてをできるかぎり国産で」ということでした。自国で生産できるものは、国産品のほうが高くて低品質であっても、輸入しないようにする。海外企業の進出は、原則として認めない。外交的にも、当時の世界を二分していたアメリカ・ソ連どちらの側とも距離をおく方針をとったので、米ソからの技術的な支援も限られていました。

つまり国として、非常に閉鎖的な状態だったわけです。「先進国からの輸出や企業の進出を許すと、国の経済が先進国にのっとられてしまう」と考えたのです。そのようなインドの経済成長率は、低

い水準にとどまっていました。1950年～1973年における1人当たりGDPの年平均の成長率は1.4%で、同時期の中国の2.8%を下回っていました[*3]。

こうした中国やインドの政策は、まさに「模倣への抵抗」です。欧米の先進国に教わることなく、自分たちは自分たちのやり方でやっていく。それでいつか追い越してみせる——そんなスタンスです。このように「教わるのはイヤ」であっても、やはり発達した工業や軍事力などの近代的な文明の成果は手に入れたいのです。それは「自己流の手前勝手な模倣」といってもいいかもしれません。

アジアNIEsの台頭

しかし、このような「模倣への抵抗」が失敗であったことが、しだいにはっきりしてきました。「自国の成長が思うようにいかない」というだけではありません。自分たち以外で急発展するアジアの国があらわれ、先を越されてしまったのです。

1970年頃から、韓国、台湾、シンガポールといった国・地域の急速な経済成長がみられました。これらの国ぐには「アジアNIEs(アジアニーズ、「アジアの新興工業経済地域」という意味)」といわれました。

アジアNIEsの国ぐには、中国やインドのような「自前主義」ではありません。貿易についても海外企業の進出についても、オープンなスタンスでした。先進国の下請けの工場ができることも、経済のなかで重要なことでした。

こうして先進国との接点が増えていくと、いろいろな学習・模倣

が行われるようになります。先進国の製品やサービスに触れたり、外国企業で働いたりすることで、技術やノウハウを身につける人が増えていったのです。これが経済発展につながっていきます。

こういうことは、今ではあたり前に思えます。しかし、かつてはかならずしも常識ではありませんでした。だからこそ、中国やインドでは「自前主義」の政策が行われたのです。

経済が行き詰まった結果、1980年代の中国や1990年頃のインドでは大きな路線変更がおこりました。「輸出入をさかんにする」「海外企業の進出を受け入れる」「企業の活動の自由を以前よりも大幅に認める」という方針に変わったのです。

その後は中国や、やや遅れてインドでも、持続的な高度成長がはじまりました。その成長は今（2010年代）も続いています。**今の中国やインドでは、先進国を模倣することへの抵抗は影をひそめ、先進国の技術やノウハウを積極的に取り入れようとしています。**

ガンジーの主張

「欧米とは異なる独自の道で理想を実現しよう」という考えは、欧米よりも遅れて近代化がはじまった国では相当な力を持ちました。中国やインドではまさにそういう時期があったのです。

インドの独立・建国の父であるガンジーは、そのような「模倣への抵抗」の教祖のような人でした。彼はたとえば、こんな意味のことをいっています――"輸出も輸入も排斥されるべきである。……外国製品のボイコットは、……経済の恒常的基礎原理である[*4]"――つまりガンジーは貿易を否定していたのです。

また彼は"機械は西洋と結びついており、悪魔的""経済的進歩は、それ自体、好ましい目的ではない[*5]"などということも述べて

います。機械文明や経済成長についても批判的だったのです。

ガンジーという人は「聖人」というイメージがあります。しかしここでは、国の指導者としてはずいぶんとんでもないことをいっていると思いませんか？

インドは、1800年代以降イギリスの植民地でした。第二次世界大戦後（1947）に、そこからようやく独立を得たのです。「欧米のマネなどするものか」という気持ちもわかります。しかし、ガンジーの主張にはムリな面がたくさんありました。

だからこそ、インドはガンジーのいう方向には結局は行きませんでした。そして、ほかの多くの国も、ガンジーの否定する「模倣＝近代化」を積極的に行うほうへ進んだのでした。

「模倣への抵抗」は昔話ではない

ここで注目してほしいのは、これまで述べた**毛沢東の「大躍進」もガンジーのとんでもない思想も、世界史の大きな流れでみれば、そんなに昔の話ではない**ということです。これらは1900年代半ばのことでした。

ということは、産業革命以降の欧米が圧倒的な力で世界を制覇したあとなのです。すでに、欧米人が生み出した「近代」の威力はイヤというほど証明されています。それでも、近代化に向けた模倣に対して、いろいろな抵抗や葛藤があったわけです。

しかし、今の多くの発展途上国では「屈辱感による模倣への抵抗」は、かなりなくなったようです。世界各地での新興国の台頭がそれを示しています。ただしそうはいっても、「模倣への抵抗」はまだ

まだいろんなかたちで残っているのではないでしょうか。

　たとえば今の中国でも、欧米で生まれた民主主義の政治体制はまだ採用されていません。共産党に対抗する野党の存在が認められず、共産党の指導者が政治の全権を握っているのが中国の体制です。今の中国のスタンスは、「経済や技術は模倣するが、政治は模倣しない」ということです。近代社会の要素を全面的に模倣することは、まだ拒否しているのです。

 ## 徹底して模倣に抵抗する異端の人たち

　また、少数派や異端として徹底した「模倣への抵抗」を行う人たちも、世界にはいます。たとえば、欧米などの側から「イスラム原理主義」といわれる集団にはその傾向があります。

　「イスラム原理主義」とは、「自分たちなりに解釈するイスラムの教えを、妥協せず厳格に実践する社会をめざす運動」だと、とりあえずは理解できるでしょう。だとすれば、「近代的な価値観や生活とは合わないところがそうとうありそうだ」と、想像がつきます。「イスラム原理主義」あるいは「イスラム過激派」の一種とされるタリバンという集団は、1990年代から2001年までアフガニスタンの大部分を統治していました。彼らは近代社会のさまざまな要素を否定しました。

　そのなかでも世界の多くの人たちがとくに違和感を持ったのは女性の位置づけでしょう。タリバンは女性のさまざまな権利をはく奪しました。タリバン政権時代のアフガニスタンでは、女性は家の外で働くことも、まともな教育を受けることも認められていなかったのです。

これが「イスラムの教え」に本当にかかわっているのかどうか疑問はありますが、近代化を否定するものであることは確かです。
　そして、**このような「原理主義」に共鳴する人びとが、今の世界にも一定の数存在している**のです。
　また、2010年代現在の「イスラム国」のような、新たなイスラム過激派の勢力があらわれる、といったこともあります。
　毛沢東やガンジーのような「〈模倣＝近代化〉への抵抗」は、かならずしも昔話ではないのです。

＊1，2　フランク・ディケーター『毛沢東の大飢饉』草思社、2011。死者の数は1958〜1962年についての推計。
＊3　アンガス・マディソン『世界経済史概観　紀元1年—2030年』岩波書店、2015
＊4，5　ロベール・ドリエージュ『ガンジーの実像』白水社、2002

現代世界の「となり・となり」

2010年代現在の世界でも「となり・となりの法則」は成り立っています。つまり、「繁栄の中心」が周辺に影響を与えるということが起こっています。

* *

 **日本の周辺**

そのひとつが日本という「繁栄の中心」と近隣の関係です。**日本の周辺にある、多くのアジア諸国が経済発展を遂げている**のです。

現在の「新興国」のはしりは、1970年頃から工業製品の輸出を大きく伸ばした「アジアNIEs（184ページ）」と呼ばれる国・地域でした。韓国、台湾、香港、シンガポールです。これらの国・地域が、日本以外のアジア諸国ではじめて、海外に広く輸出できる本格的な工業を発展させました。

アジアNIEsに十数年遅れて、マレーシア、タイといった東南アジアの一部の国ぐにでも、工業製品の輸出がさかんになりました。そして中国でも、1990年代には家電・情報機器などの高度な工業がおおいに発展しました。中国は2000年頃からは「世界の工場」として注目されるようになりました。

これらの国ぐにの近年の1人当たりGDPは、次ページの表のとおりです。1人当たりGDPは、その国全体の経済の規模を示すGDP（国内総生産）を人口で割ったもので、経済発展の度合いとか

日本周辺のおもな国ぐにの1人当たりGDPと人口(2013年)

	1人当たりGDP	人口
日　本	3.9万ドル	1億2700万人
韓　国	2.6万ドル	4900万人
台　湾	2.2万ドル	2300万人
シンガポール	5.5万ドル	500万人
香　港	3.8万ドル	700万人
マレーシア	1.1万ドル	3000万人
タ　イ	0.6万ドル	6700万人
中　国	0.7万ドル	13億8600万人

人口・GDP・貿易額などの数値の多くは『世界国勢図会』矢野恒太記念会による

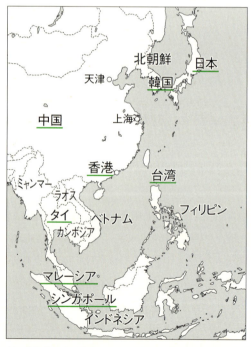

上の表に出てくる国には、アンダーラインを入れている

かわっています。その値が高いほど、経済が発展しているとみていいでしょう。

1人当たりGDPでみると、韓国、台湾の経済は、現在（2010年代）はほぼ「先進国」のレベルになっています。今の世界では1人当たりGDPが2.0万〜3.0万ドルであれば、少なくとも経済の面では先進国レベルであるといえます。

香港の1人当たりGDPは日本と同じくらいで、シンガポールは日本を大きく上回っています。これらは都市を中心とするかぎられた範囲の、比較的小規模な国・地域です。なお香港は中国の一部ですが、1997年の返還まではイギリス領で、社会制度が中国とは異なる特別な区域となっています。

また、1人当たりGDPが数千ドルから1万ドル台の国を「中進国」と呼ぶこともあります。マレーシア、タイ、中国はこれにあたります。

これらの国の1人当たりGDPは日本の数分の1ですが、それでも多くの発展途上国とくらべれば高いのです。

ほかのアジアの国をみると、たとえばインド（0.2万ドル）、バングラデシュ（0.1万ドル）、ベトナム（0.2万ドル）、インドネシア（0.3万ドル）といった国もあります。

　ここにあげた**アジアNIEsや東南アジアの国ぐには、どれも日本に大きく影響を受けてきました。**地理的に近く、何かと関係が深かったというだけではありません。台湾や韓国は、明治時代から昭和の戦前にかけて日本の植民地でした。東南アジアの大部分や香港は、第二次世界大戦の際日本に占領されました。

「日本が支配したおかげで、これらの国が発展した」などというの

ではありません。支配・占領という不幸なかたちであれ、とにかく深い関係があったということです。第二次世界大戦後は、アジアNIEsや東南アジア諸国と日本は平和的なかたちで、さまざまな通商・貿易の関係を持ちました。

また、これらの日本周辺のアジアの国ぐには、アメリカとの関係も深いです。たとえば、韓国の貿易相手国（輸出と輸入の合計額）の1位は中国、2位アメリカ、3位日本です（2013年、貿易については以下同じ）。

マレーシアの場合、1位は中国、2位は隣国のシンガポール、3位日本、4位アメリカ。アジアNIEsや東南アジア諸国にとっても、アメリカは「最も近くにある欧米」なのです。

そして、今の新興国の代表といえば中国でしょう。なかでも経済発展がすすんでいるのは、海に近い東部の地域です。中国全体の1人当たりGDPは0.7万ドルなのですが、東部の大都市である上海(しゃんはい)や天津(てんしん)は1.5万～1.6万ドルになります。そこはまさに、日本とは「となり」の位置関係です。

なお、ここまでアジアでの日本の影響ばかり述べましたが、東アジアで先進国といえるのは、最近は日本だけではありません。韓国や台湾やシンガポールもそうです。それらの国ぐにも、周辺のアジア諸国の経済や文化に影響を与えています。そのなかでも韓国は最大の存在です。

日本という「繁栄の中心」と、その繁栄の周囲への広がり。これは、現在進行中の「となり・となり」の現象です。

 東ヨーロッパ

現代の世界で「となり・となりの法則」が確認できるのは、日本の周辺だけではありません。**西ヨーロッパの周辺でも、「となり・**

ドイツに近い東ヨーロッパの国ぐにの1人当たりGDPと人口(2013年)

	1人当たりGDP	人口
ドイツ	4.5万㌦	8300万人
ポーランド	1.4万㌦	3800万人
チェコ	2.0万㌦	1100万人
スロバキア	1.8万㌦	600万人
ハンガリー	1.3万㌦	1000万人

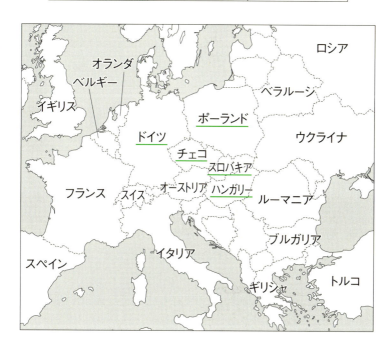

となり」の現象がみられます。

かつてソ連の勢力下にあった東ヨーロッパの旧社会主義国。そのおもな国で、工業などの産業が最も発達しているのは、ポーランド（1人当たりGDP1.4万ドル）、チェコ（2.0万ドル）、スロバキア（1.8万ドル）、ハンガリー（1.3万ドル）です。

これらの東ヨーロッパの国ぐにには、ドイツという西ヨーロッパで最も産業の発達した大国のとなりにあり、その影響を強く受けています。1990年頃に東西冷戦が終結して以降、ドイツとの関係が深くなりました。これらの国ぐににとって、ドイツは最大の貿易相手です。

なお、ロシアの1人当たりGDP（1.5万ドル）も、これらのドイツの近隣の国ぐにに近い水準です。しかし、今のロシアでは石油や天然ガスといった天然資源の輸出が経済のなかで大きな比重を占めており、やや性格が異なります。

中東のイスラム諸国

イスラム諸国にも目をむけましょう。中東（「西アジア」とほぼ同じ範囲）のイスラム諸国で、最も経済発展が進んだ国というと、どこでしょうか？

石油の輸出で経済が成り立っているサウジアラビアのような「産油国」を別にすると、それはトルコです。**トルコの1人当たりGDPは、1.1万ドル。産油国以外のイスラム諸国では、最も高いレベル**です。

トルコは、イスラム諸国のなかで最もヨーロッパに近い国のひとつです。海を渡ってすぐ向こうにギリシアがあり、その先にはイタ

イスラム（中東）のおもな国ぐにの1人当たりGDPと人口（2013年）

	1人当たりGDP	人口
トルコ	1.1万ドル	7500万人
イラン	0.6万ドル	7700万人
イラク	0.6万ドル	3400万人
エジプト	0.3万ドル	8200万人
サウジアラビア	2.6万ドル	2900万人

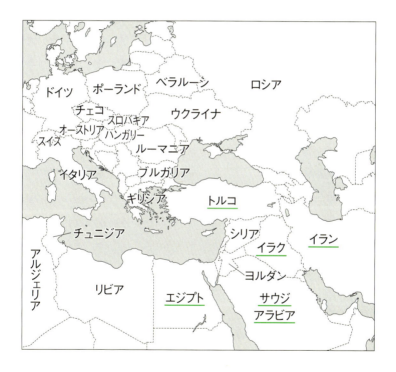

リアやフランスがあります。経済的にもEU（ヨーロッパ連合）の国ぐにと緊密な関係にあり、イスラム教が主流の国でありながら、キリスト教国の集まりであるEUへの加盟をめざす動きもあります。

南北アメリカ大陸のおもな国ぐにの1人当たりGDPと人口(2013年)

	1人当たりGDP	人口
アメリカ	5.2万ドル	3億2000万人
メキシコ	1.0万ドル	1億2200万人
コロンビア	0.8万ドル	4800万人
ベネズエラ	1.2万ドル	3000万人
ブラジル	1.1万ドル	2億0000万人
ペルー	0.7万ドル	3000万人
チリ	1.6万ドル	1800万人
アルゼンチン	1.5万ドル	4100万人

トルコの貿易相手国の1位はドイツ、2位ロシア、3位中国です。ドイツの存在はここでも大きいです。

トルコも、ポーランドなどのドイツに隣接する国ぐにも、経済発展を支えるのは、アジアNIEsや中国と同じく工業製品の輸出です。そして、中国に日本やアジアNIEsの企業が進出しているように、これらの国にも西ヨーロッパの企業が進出しています。

 南北アメリカ大陸

南北アメリカ大陸でも、ほかの地域ほど鮮明ではありませんが、一定の「となり・となり」現象がみられます。

南北アメリカでは、北アメリカ（アメリカ合衆国、カナダ）が先進地域ですが、**アメリカと国境を接するメキシコの1人当たりGDPは1.0万ドルで、「中進国」レベル**です。

メキシコとアメリカの経済的な結びつきはきわめて深く、メキシコの輸出の8割、輸入の5割がアメリカとの貿易によるものです。

そして、南アメリカにはメキシコに匹敵するかそれ以上の1人当たりGDPの国がいくつかあります。全体としてラテンアメリカ（中南米）は、先進国にはおよばないにせよ、比較的経済が発展しています。

これらの南米の中進国の最大の貿易相手は、近年は中国ですが、アメリカもそれに次いで重要です。メキシコほどではないにせよ、やはりアメリカとの関係は深いのです。たとえばブラジルの貿易相手国の1位は中国、2位アメリカ、3位は隣国のアルゼンチンです。

 新興国の広がり

2000年頃以降の世界でとくに注目される新興国というと、英語の頭文字をとって「ＢＲＩＣｓ（ブリックス）」と総称されるブラジル（１人当たりＧＤＰ1.1万ドル）、ロシア（1.5万ドル）、インド（0.2万ドル）、中国（0.7万ドル）といった国ぐにがあります。このなかで、インドだけは経済発展の水準が低いですが、巨大な人口（12.5億人）を抱え、世界に対する影響が大きいことから注目されます。

ただし、ここでみてきたように、世界にはＢＲＩＣｓ以外にも、経済発展がかなりすすんだ新興国があります。そして**おもな新興国の多くは、従来の繁栄の中心である、アメリカ、西ヨーロッパ、日本に隣接した地域に存在している**のです。

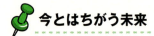 今とはちがう未来

どうでしょうか？ **世界中で「となり・となり」の現象が今も進行中です。つまり、繁栄の中心といえる先進国が周辺の国ぐにに影響をあたえるということが、現代の世界でも広くみられる**のです。「交通機関や通信が発達した現代では、国どうしの関係の深さと距離（地理的に近いか遠いか）は、あまり関係ないのでは？」と思うかもしれませんが、そうではないのです。

以上の「現代世界における、となり・となり現象」を、34ページの**「カンタン世界地図」**（世界の地域区分を簡略化した図式）に落とし込むと、次ページ図のようになるでしょう。

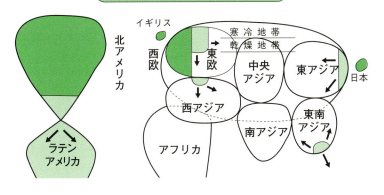

現代世界における「となり・となり」

　濃い色の部分は、従来からの先進国＝世界の繁栄の中心です。つまり、北アメリカ、西ヨーロッパ、日本。薄い色の部分は、その周辺で経済発展が比較的進んでいる地域（有力な新興国）をあらわします。アメリカのとなりのメキシコ。西ヨーロッパのとなりのチェコ、ポーランドなどの東欧諸国、それからトルコ。そして日本の周辺の韓国、台湾、中国の東部、東南アジアの一部。矢印は、中心から周辺へと繁栄が広がる、その方向性をあらわしています。

　この「薄い色の部分＝有力な新興国の範囲」は、これから図の矢印の方向で拡大していくのではないでしょうか？　また、「中心」の周辺で新たに発展した地域が、従来の中心にかわるつぎの時代の「中心」になっていくかもしれません。

　少なくとも近い将来、従来の中心のとなりにある、メキシコ（人口1.2億）、ポーランド（3800万）、トルコ（7500万）、韓国（4900万）といった国ぐにの存在感が相当に大きくなることは、おおいにあり得るでしょう。

　これらの国ぐには、人口もかなり多いです。さらに発展すれば、

まさに「経済大国」になるはずです。これまでの経緯をみれば十分に可能性があるといえます。ただし、こうした「周辺への繁栄の拡大」が数十年以上の長期的傾向としては続いたとしても、停滞したり後退したりする時期もあるかもしれません。

さらに不確かな未来について考えるならば、**拡大方向を示す矢印の先には、トルコ以外のイスラム諸国や、アジアの多くの国ぐにがあります。さらにはアフリカもあります。**サハラ以南のアフリカでは、2000年からの約10年間の経済成長率（GDPの増加率）が年平均5％台でした。これは、先進国の平均（1％台）を大きく上回ります。

未来はいったいどうなるのか。わからないことも多いです。しかし、いずれにしても、そこにあるのは今とはちがう世界です。

「となり・となりの法則」というのは、「国や民族の地理的な位置関係に注意を払いながら、世界史の流れをみる」という発想だともいえます。

そんなことは、あたり前といえばあたり前です。でも、その発想をとことん使ってみると、これまでみえなかったこともみえてくると思います。ここで述べたような、**「今とはちがう未来」**を考える手がかりになるのです。

おわりに・本書のバックグラウンド

ここでは、この本の考え方の基礎になった先人の仕事について触れます。昔の哲学者のことなど、やや専門的なことも書いていますので、最後に読んでいただいたほうがいいかもしれません。

本書では、「**繁栄の中心の移動を通じての歴史の展開**」ということを述べてきましたが、**そのような世界史の書き方の「元祖」といえば、1800年代前半に活躍したドイツの哲学者ヘーゲル**でしょう。彼には『歴史哲学』という、世界史を論じた著作があります。

ヘーゲルの世界史のキーワードに、「民族」というものがあります。それぞれの時代に、世界史の最先端を担う中心的な民族がいる。ギリシア人やローマ人やゲルマン人（西ヨーロッパ人）は、そのような存在である……。**ヘーゲルの説く世界史は、「最先端をいく民族が交代しながら歴史が進歩する」ということ**です。

たしかにヘーゲルの世界史は、今の多くの知識人からみれば、時代おくれです。ある民族を、歴史の進歩を担う「最先端」と別格扱いするなんて、ということになります。

具体的な議論をみると、もっとひどいです。ヘーゲルはまず、中国やインドを世界史の進歩の外にある異質な存在として片づけてしまいます。各時代の先端をいく民族として登場するのは、「ペルシア」「ギリシア」「ローマ」「ゲルマン」。イスラムへの評価は低く、あくまで傍流の扱いです。ヘーゲルは、世界史のなかで「各民族をどう評価するか」という点では、やはり古臭いヨーロッパ中心主義者でした。

しかし、世界史の書き方・整理の方法としては、ヘーゲルのやり

方は悪くないのではないでしょうか。つまり、それぞれの時代の「最先端」や「中心」に注目するということです。

だからまずは、「どの民族が最先端だったか」の結論を修正すればいいわけです。西アジアの文明やイスラムや中国は現代の研究をもとに評価しなおし、世界史の一時代を築いた存在として位置づける。ヘーゲル的世界史を現代的に手直ししてみる。

このような『歴史哲学』の読み方は、政治学者・滝村隆一さんの影響です。滝村さんはヘーゲルや、ヘーゲルに影響を受けたマルクスの世界史の書き方を高く評価しています。

滝村さんは「世界史とは何か」について、場所的・空間的な意味での「世界」でも地域史の寄せ集めでもなく、各時代の世界で先端をいく民族・社会に焦点をあわせるものだ、とまず述べています。

長い目で世界史をみわたすと、そのような「先端をいく民族」は交代してきた。新しい民族が台頭するときは、それまで有力だった民族をしのぐ政治・経済や文化が生まれている……。

そして、そのような各時代の先端的な社会・文明について、表面的な事実だけでなく、その奥にある本質まで掘り下げて把握するのがヘーゲル的な世界史である、と滝村さんは言うのです（滝村隆一・芹沢俊介『世紀末「時代」を読む』春秋社、1992などによる）。

私も、このように各時代の特徴を深く論じるのが本格的な世界史だと思います。ただ、現代人がそのような世界史の通史をきちんと述べた例を私は知りません。本書でも「時代ごとの先端をいく民族」ついて述べてはいますが、「本質の把握」にまでは踏み込んでいません。著者の力不足ですが、「欲張らずに、まずは事実や現象をお

さえよう」という思いもあります。

　また、「世界史を、その時代ごとの中心的な国や民族に焦点を合わせて描く」という本は、本書のほかにもあります。
　マクニールの『世界史』（上・下、中公文庫、2008）はそうです。マクニールは「他にぬきんでて魅力的で強力な文明が築かれると、その文明の中心から発する力が世界をかく乱する傾向がある」「そのようなかく乱の焦点は時代とともに変動した」などと述べています。そこで「世界史をみるには、まず各時代のかく乱がおこった中心について研究すればいい」というのです。この本は多くの人に読まれました。「先端をいく国家・民族を追う」という意味でのヘーゲル的な世界史の書き方は、今も死んではいないのです。

　そして、科学史家・教育学者の板倉聖宣（きよのぶ）さんに私は大きな影響を受けました。板倉さんは理科教育を中心に研究していますが、歴史などの「社会の科学」の教育研究も多く行っています。
　板倉さんは世界史教育について、"各時代の文明の中心を１〜２箇所に絞って，「その文明の中心がどのように移動してきたか」ということだけを見るようにすれば，世界史の流れも比較的簡単にたどることができる"という考えを打ち出しています。
　また、その考えに基づいて「世界の文明の中心をさかのぼる」という内容の授業プラン（授業内容を具体的に述べたテキスト）を示しているのです（「授業書〈世界史入門〉の構想」『仮説実験授業研究（第Ⅲ期）4』仮説社、1994）。
　さらに「となり・となり」という言葉も、私は板倉さんの著作から知りました。ただしそれは文章論にかんするもので、「比較的短

い文章なら全体の構成にこだわらず、話題をひとつひとつ、となり・となりで積み重ねるのがよい」ということが述べられていました。

　板倉さんの世界史の仕事があるのに私がこの本を書いたのは、同様の出発点に基づきながらも、ちがった趣向のものが書けると思ったからです。私は、おもに板倉さんや滝村さんからの影響をもとに、ある種の読者がよろこんでくれそうな知的な読み物、長いエッセイを書きたくなったのです。

　その読者とは、「世界史について知っておきたい」「でも教科書のような勉強や、学者ぶった議論はまっぴらだ」「しかし雑学ではなく、もっと本質的なことを知りたい」——そんなわがままな人たちです。それは、私自身のことでもあります。私は若い頃から、本書のような世界史を読みたかったのです。このたび、自分で書くことによって長年の希望がかなった、というわけです。

　最後に、本書のもとになった世界史関連の記事を載せた著者のブログ「団地の書斎から」に反響をくださった方々にお礼申し上げます。とくに、S.T.Rockerさん、玄さん、たきやんさん、ピピネラさん、偕誠さん、hajimeさん、がんじーさん、そしてかずゆきさん（友人の前田一幸さん）からは多くの励ましと刺激をいただきました。

　また何より、ブログから私秋田の仕事を見出して書籍化を提案してくださった本書の編集者・細野淳さんには、本当にお世話になりました。多くのご縁によってこの本は成り立っているのです。

2016年7月3日

団地の書斎にて　著者

典拠文献・引用文献

教科書・参考書・辞典・多くの啓蒙書にはない、あるいは明確に書かれていない情報や視点について、その典拠(よりどころ)にした文献、または引用した文献。

第1部
●夜の地球
NASAのウェブサイト (http://visibleearth.nasa.gov/)
●オイルランプ
R．J．フォーブス『古代の技術史 下・Ⅱ』朝倉書店、2011

「古代ローマ・オイルランプ美術館」のウェブサイト (http://www.itca.co.jp/museum) に掲載の展覧会資料「地中海のともしび―フェニキア、ローマ、ビザンチンのオイルランプ 中山&オルセッティ・コレクション」企画・執筆：堀晄・津村眞輝子・D.M.Bailey、1997年

乾正雄『ロウソクと蛍光灯―照明の発達からさぐる快適性』祥伝社新書、2006

●西暦100年代の世界の見方 (ユーラシアの大国)
謝世輝『これでいいのか世界史教科書―人類の転換期に問う』光文社、1994

●オリーブ油の量産
板倉聖宣「オリーブ油と本と民主政治」『たのしい授業』仮説社、2006年1月号(古代ギリシアにおけるオリーブ油生産の重要性については、板倉氏の著作から知った)

板倉聖宣・阿部徳昭『あかりと油―油をもやす』小峰書店(いたずら博士の科学大好き)、2013

R．J．フォーブス『技術の歴史』岩波書店、1956

R．J．フォーブス『古代の技術史 下・Ⅱ』朝倉書店、2011

ケヴィン・グリーン『ローマ経済の考古学』平凡社、1999

長谷川岳男・樋脇博敏『古代ローマを知る事典』東京堂出版、2004

●鉄器の技術革新
S.リリー『人類と機械の歴史 増補版』岩波書店、1968

R．J．フォーブス『技術の歴史』岩波書店、1956

山崎元一『古代インドの文明と社会』中央公論社(世界の歴史)、1997

西嶋定生『中国古代の社会と経済』東京大学出版会、1981
●都市を生んだ技術革新
R．J．フォーブス『技術の歴史』岩波書店、1956

S.リリー『人類と機械の歴史　増補版』岩波書店、1968
●「中心」の存在を前提にした世界史
ウィリアム・H・マクニール『世界史　上』中公文庫、2008

板倉聖宣「授業書〈世界史入門〉の構想」『仮説実験授業研究（第Ⅲ期）4』仮説社、1994

第2部
西アジアの文明
●メソポタミア文明全般、ウルクの面積・人口、最古の文字
大貫良夫・前川和也・渡辺和子・尾形禎亮『人類の起源と古代オリエント』中央公論社（世界の歴史）、1998

小林登志子『シュメル―人類最古の文明』中公新書、2005

中田一郎『メソポタミア文明入門』岩波ジュニア新書、2007
●粘土板の図
前田徹『都市国家の誕生』山川出版社（世界史リブレット）、1996
●メソポタミアとその周辺の地図
川北稔・桃木至朗監修『最新世界史図説タペストリー（九訂版）』帝国書院、2011
●メソポタミア文明の他の文明への影響
ウィリアム・H・マクニール『世界史　上』中公文庫、2008

後藤健『メソポタミアとインダスのあいだ　知られざる海洋の古代文明』筑摩選書、2015
●「帝国」とは、征服が大国をつくる
滝村隆一『国家論大綱　第一巻上』勁草書房、2003
●西アジアで農耕がはじまった理由
ジャレド・ダイアモンド『銃・病原菌・鉄（上)』草思社文庫、2012
●西アジアにおける農耕と灌漑農業の開始
大津忠彦・常木晃・西秋良宏『西アジアの考古学』同成社（世界の考古学）、1997

小林登志子『シュメル―人類最古の文明』中公新書、2005

ギリシアとローマ
●ギリシアへの西アジアの影響、ギリシアとローマの学問・科学全般
岡田泰介『東地中海世界のなかの古代ギリシア』山川出版社（世界史リブレット）、2008

手嶋兼輔『ギリシア文明とはなにか』講談社選書メチエ、2010

Ｂ．ファリントン『ギリシヤ人の科学（上）（下）』岩波新書、1955

●コインの使用開始
ジョナサン・ウィリアムズ編『図説 お金の歴史全書』東洋書林、1998

●ローマの道路網・水道などのインフラ建設
藤原武『ローマの道の物語』原書房、1985

弓削達『ローマはなぜ滅んだか』講談社現代新書、1989

長谷川岳男・樋脇博敏『古代ローマを知る事典』東京堂出版、2004

樋脇博敏『古代ローマ生活誌』日本放送出版協会、2005

Ｒ．Ｊ．フォーブス『技術の歴史』岩波書店、1956

●インド史の見方（マウリヤ朝の位置づけ、統一王朝の時代が少ない）
近藤治『インドの歴史』講談社現代新書（新書東洋史）、1977

山崎利男『悠久のインド』講談社（ビジュアル版世界の歴史）、1985

イスラムの繁栄
●イスラム帝国の成立
佐藤次高・鈴木薫編『都市の文明イスラーム』講談社現代新書（新書イスラームの世界史）、1993

バーナード・ルイス『イスラーム世界の二千年―文明の十字路　中東全史』草思社、2001

●イスラムがギリシア・ローマの遺産に学んだこと、イスラムの学問・科学
ハワード・Ｒ・ターナー『図説　科学で読むイスラム文化』青土社、2001

ダニエル・ジャカール『アラビア科学の歴史』創元社（「知の再発見」双書）、2006

●イスラムの国ぐにの遺産
ジクリト・フンケ『アラビア文化の遺産』みすず書房、1982

●**イスラムの都市の繁栄**
　三浦徹『イスラームの都市世界』山川出版社（世界史リブレット）、1997
●**中国における三大発明（発明の時期など）**
　ロバート・K・G・テンプル『図説　中国の科学と文明』河出書房新社、1992
●**中国における紙幣の発明**
　板倉聖宣・松野修編『社会の発明発見物語』仮説社、1998
　ジョナサン・ウィリアムズ編『図説 お金の歴史全書』東洋書林、1998
●**騎馬遊牧民の発生・成立、軍事的優位、モンゴルによる技術の伝播**
　本村凌二『馬の世界史』中公文庫、2013
　林俊雄『遊牧国家の誕生』山川出版社（世界史リブレット）、2009
　杉山正明『遊牧民から見た世界史―民族も国境もこえて』日本経済新聞社、1997
　ラスロー・タール『馬車の歴史』平凡社、1991
　アーノルド・パーシー『世界文明における技術の千年史―「生存の技術」との対話に向けて』新評論、2001
●**朝鮮半島、東南アジア、東欧・ロシアの歴史**
　姜在彦『歴史物語 朝鮮半島』朝日選書、2006
　石澤良昭・生田滋『東南アジアの伝統と発展』中央公論社（世界の歴史）、1998
　永積昭『東南アジアの歴史』講談社現代新書（新書東洋史）、1977
　細川滋『東欧世界の成立』山川出版社（世界史リブレット）、1997

ヨーロッパの台頭
●**ヨーロッパとは、ヨーロッパの西と東**
　T．G．ジョーダン＝ビチコフ、B．B．ジョーダン『ヨーロッパ―文化地域の形成と構造』二宮書店、2005
　半田元夫・今野國雄『キリスト教史Ⅰ』山川出版社（世界宗教史叢書）、1977
●**イスラムの科学のヨーロッパへの影響、イスラム科学の限界**
　伊東俊太郎『近代科学の源流』中央公論社、1978
　ハワード・R・ターナー『図説　科学で読むイスラム文化』青土社、2001
　板倉聖宣『原子論の歴史―復活・確立』仮説社、2004
●**アラビア数字のヨーロッパへの伝播、コーヒーのヨーロッパへの伝播**

ダニエル・ジャカール『アラビア科学の歴史』創元社(「知の再発見」双書)、2006

小林章夫『コーヒー・ハウス―都市の生活史』駸々堂出版、1984

臼井隆一郎『コーヒーが廻り世界史が廻る』中公新書、1992

● 「イスラムからヨーロッパへの過渡期」という見方、ヨーロッパの軍事力の発展

謝世輝『世界史の変革―ヨーロッパ中心史観への挑戦』吉川弘文館、1988

ジェフリー・パーカー『長篠合戦の世界史―ヨーロッパ軍事革命の衝撃1500〜1800年』同文舘出版、1995

● オランダの繁栄、オランダ等の商船隊の輸送能力の統計

玉木俊明『近代ヨーロッパの誕生―オランダからイギリスへ』講談社選書メチエ、2009

アンガス・マディソン『経済統計で見る世界経済2000年史』柏書房、2004

田口一夫『ニシンが築いた国オランダ―海の技術史を読む』成山堂書店、2002

欧米による世界制覇
● イギリスの台頭、オランダからイギリスへ

川北稔『洒落者たちのイギリス史―騎士の国から紳士の国へ』平凡社ライブラリー、1993

ダニエル・デフォー『イギリス経済の構図』東京大学出版会、1975

● イギリス革命と1700年代のイギリス

川北稔編『イギリス史』山川出版社(新版世界各国史)、1998

川北稔『イギリス近代史講義』講談社現代新書、2010

関口尚志・梅津順一・道重一郎編『中産層文化と近代―ダニエル・デフォーの世界から』日本経済評論社、1999

● アメリカ独立革命、ナポレオン

A.ハミルトン、J.ジェイ、J.マディソン『ザ・フェデラリスト』岩波文庫、1999

井上幸治『ナポレオン』岩波書店、1957

● 産業革命(世界史におけるその重要性の再確認)

長谷川貴彦『産業革命』山川出版社(世界史リブレット)、2012

パット・ハドソン『産業革命』未來社、1999
- **欧米の世界制覇、欧米の支配地域**

  D.R.ヘッドリク『帝国の手先―ヨーロッパ膨張と技術』日本経済評論社、1989（1914年におけるヨーロッパの植民地の地図も）

  P.A.コーエン『知の帝国主義―オリエンタリズムと中国像』平凡社、1988
- **イギリスの工業生産の世界シェア**

  宮崎犀一・奥村茂次・森田桐郎編『近代国際経済要覧』東京大学出版会、1981
- **電信網の発達**

  湯浅光朝編著『コンサイス科学年表』三省堂、1988

1900年代以降の現代世界
- **アメリカなどの工業生産の世界シェア、ＧＤＰなどの統計値**

  宮崎犀一・奥村茂次・森田桐郎編『近代国際経済要覧』東京大学出版会、1981

  矢野恒太記念会編集・発行『世界国勢図会 2015/16年版』など各年版

  アンガス・マディソン『経済統計で見る世界経済2000年史』柏書房、2004
- **アメリカにおける産業革命のバージョンアップ**

  D.S.ランデス『西ヨーロッパ工業史Ⅰ』みすず書房、1980

  名和小太郎『起業家エジソン―知的財産・システム・市場開発』朝日選書、2001
- **第一次世界大戦と第二次世界大戦（とくにドイツの役割・位置づけ）**

  木村靖二『第一次世界大戦』ちくま新書、2014

  木村靖二『二つの世界大戦』山川出版社（世界史リブレット）、1996

  セバスチャン・ハフナー『ヒトラーとは何か』草思社、1979

  イアン・カーショー『ヒトラー 権力の本質』白水社、1999

  木村靖二・柴宜弘・長沼秀世『世界大戦と現代文化の開幕』中央公論社（世界の歴史）、1997
- **第一次世界大戦、第二次世界大戦の死者数**

  ウイリアム・ウッドラフ『概説 現代世界の歴史―1500年から現代まで』ミネルヴァ書房、2003
- **戦後の国際情勢、世界経済**

猪木武徳『戦後世界経済史―自由と平等の視点から』中公新書、2009
片山裕・大西裕編『アジアの政治経済・入門』有斐閣ブックス、2006
松岡完・広瀬佳一・竹中佳彦編著『冷戦史―その起源・展開・終焉と日本』同文舘出版、2003

●世界大戦期と戦後のアラブ・中東、イスラム主義
酒井啓子『〈中東〉の考え方』講談社現代新書、2010
バーナード・ルイス『イスラーム世界の二千年―文明の十字路　中東全史』草思社、2001

●ユダヤ人
鈴木輝二『ユダヤ・エリート―アメリカへ渡った東方ユダヤ人』中公新書、2003
柴健介『ホロコースト―ナチスによるユダヤ人大量殺戮の全貌』中公新書、2008

●現代のトルコ
内藤正典『トルコ―中東情勢のカギをにぎる国』集英社、2016

第3部

●創造（発明・発見）のむずかしさ
山田慶兒『技術からみた人類の歴史』ＳＵＲＥ、2010（「紙の発明」を捉える視点は同書による）
板倉聖宣『科学的とはどういうことか』仮説社、1977

●紙の発明と伝播、パピルス
アーノルド・パーシー『世界文明における技術の千年史―「生存の技術」との対話に向けて』新評論、2001
箕輪成男『パピルスが伝えた文明―ギリシア・ローマの本屋たち』出版ニュース社、2002

●文字の創造
ジャレド・ダイアモンド『銃・病原菌・鉄（下）』草思社文庫、2012

●コダックの破たん
『日本経済新聞』2012年1月17日朝刊・1月20日朝刊

●中国の洋務運動
坂野正高『近代中国政治外交史―ヴァスコ・ダ・ガマから五四運動まで』東

京大学出版会、1973

尾形勇・岸本美緒編『中国史』山川出版社（新版世界各国史）、1998

●オスマン帝国のタンジマート

小松香織『オスマン帝国の近代と海軍』山川出版社（世界史リブレット）、2004

新井政美『オスマン帝国はなぜ崩壊したのか』青土社、2009

●西ローマ帝国とゲルマン人

弓削達『ローマはなぜ滅んだか』講談社現代新書、1989

●1820、1870、1913年の世界のGDPにおける主要国のシェア

アンガス・マディソン『経済統計で見る世界経済2000年史』柏書房、2004

●日米関係の見方、明治の欧米への留学生

亀井俊介編・解説『日本人のアメリカ論』研究社（アメリカ古典文庫）、1977

●日本の貿易相手の地域別割合

安藤良雄編『近代日本経済史要覧　第2版』東京大学出版会、1979

●イギリスの鉄道の総延長、日本の鉄道の総延長

B.R.ミッチェル『イギリス歴史統計』原書房、1995

日本銀行統計局『明治以降本邦主要経済統計』1966

『数字でみる日本の100年　第6版』矢野恒太記念会、2013

矢野恒太記念会編集・発行『世界国勢図会 2015/16年版』など各年版

●イギリスの鉄道会社、運河会社、道路会社

湯沢威「一八世紀イギリスの有料道路・河川・運河経営」『商學論集』福島大学経済学会、巻45、1976年5―7月（この項のメインの文献）

マルカム・フォーカス、ジョン・ギリンガム『イギリス歴史地図』東京書籍、1983

ロイ・ポーター『イングランド18世紀の社会』法政大学出版会、1996

●1700年ころのイギリスの政府予算

パトリック・オブライエン『帝国主義と工業化1415～1974―イギリスとヨーロッパからの視点』ミネルヴァ書房、2000

●ヨーロッパなどイギリス以外の国の鉄道建設

クリスティアン・ウォルマー『世界鉄道史―血と鉄と金の世界変革』河出書房新社、2012

●1950～2003年の1人当たりGDP成長率

アンガス・マディソン『世界経済史概観 紀元1年〜2030年』岩波書店、2015
●近代化は模倣である
エリック・ホッファー『エリック・ホッファーの人間とは何か』河出書房新社、2003　ほかに板倉聖宣は日本の近代化などにおける「模倣（全面的な受容）の重要性」を強調している（『科学と教育のために』季節社、1979　など）
●中国の「大躍進」、インドの自前主義
フランク・ディケーター『毛沢東の大飢饉　史上最も悲惨で破壊的な人災 1958—1962』草思社、2011

猪木武徳『戦後世界経済史—自由と平等の視点から』中公新書、2009

片山裕・大西裕編『アジアの政治経済・入門』有斐閣ブックス、2006
●ガンジーの反近代
ロベール・ドリエージュ『ガンジーの実像』文庫クセジュ、2002
●現代世界のGDP・人口・貿易に関する統計
矢野恒太記念会編集・発行『世界国勢図会 2015/16年版』など各年版

秋田総一郎（あきた そういちろう）
社会のしくみ研究家。1965年生まれ。早稲田大学法学部卒業後、民間企業に勤務する傍ら、教育関係のＮＰＯに参加して、社会科系の著作やセミナーなどを行ってきた。その後十数年勤めた会社を辞め、独立系投信会社の設立に参加するが撤退。浪人生活を経て、現在は若い人のための就職相談の仕事を行っている。社会や歴史に関し「多くの人が知るに値する、長持ちする知識を伝えること」がライフワーク。
著書は『自分で考えるための勉強法』『四百文字の偉人伝』（いずれもディスカヴァー・トゥエンティワン、電子書籍）『健康と環境』（小峰書店、共著）など。

"中心"の移り変わりから読む
一気にわかる世界史

2016年9月10日　初版発行

著　者　秋田総一郎　©S.Akita 2016
発行者　吉田啓二

発行所　株式会社日本実業出版社　東京都新宿区市谷本村町3-29 〒162-0845
　　　　　　　　　　　　　　　　大阪市北区西天満6-8-1 〒530-0047
　　　　編集部　☎03-3268-5651
　　　　営業部　☎03-3268-5161　振　替　00170-1-25349
　　　　　　　　　　　　　　　　http://www.njg.co.jp/
　　　　　　　　　　　　　印刷／厚徳社　　製本／共栄社

この本の内容についてのお問合せは、書面かFAX（03-3268-0832）にてお願い致します。
落丁・乱丁本は、送料小社負担にて、お取り替え致します。

ISBN 978-4-534-05422-7　Printed in JAPAN

日本実業出版社の本

「政治のしくみ」が〈イチから〉わかる本
坂東太郎　定価本体1500円（税別）

法律が成立するまでの具体的な流れから、国会議員に支払われるお金の総額、「官僚」と呼ばれる人たちの出世コースまで、「政治」について皆が押さえておくべき基礎的な事柄を丁寧に解説します！

世界全史
「35の鍵」で身につく一生モノの歴史力
宮崎正勝　定価本体1600円（税別）

なかなか一気に読めない世界の歴史を一度につかめる本！　歴史の転換点を「35の鍵」として紹介。さらに「現代から見た意味」「出来事に関するトピック」を交えて解説することで、歴史を読み解く感覚が身につきます。

歴史図解　中東とイスラーム世界が一気にわかる本
宮崎正勝　定価本体1500円（税別）

世界史の黎明期から「アラブの春」、そして「イスラーム国」の登場まで、中東の歴史をイスラーム世界の歴史とからめながら2ページ見開き1項目でやさしく解説します。現代世界を理解し、読み解くための知識が満載！

※定価変更の場合はご了承ください。